21 QUALIDADES DE LÍDERES DA BÍBLIA

JOHN C. MAXWELL

AUTOR COM MAIS DE 25 MILHÕES DE LIVROS VENDIDOS

21 QUALIDADES DE LÍDERES DA BÍBLIA

**DESENVOLVENDO HABILIDADES DE LIDERANÇA
INSPIRADAS POR HOMENS E MULHERES DAS ESCRITURAS**

Thomas Nelson
BRASIL

Título original: *21 qualities of leaders in the Bible: developing leadership traits inspired by the men and women of Scripture*
Copyright © 2019 por John C. Maxwell
Edição original por Thomas Nelson. Todos os direitos reservados.
Copyright de tradução © Vida Melhor Editora LTDA., 2021. Todos os direitos reservados.

As citações bíblicas são da *Nova Versão Internacional* (NVI), da Biblica, Inc., a menos que seja especificada outra versão da Bíblia Sagrada.

Os pontos de vista desta obra são de responsabilidade de seus autores e colaboradores diretos, não refletindo necessariamente a posição da Thomas Nelson Brasil, da HarperCollins Christian Publishing ou de sua equipe editorial.

Publisher	*Samuel Coto*
Editores	*Guilherme Henrique Lorenzetti e Bruna Gomes*
Copidesque	*Simone Fraga*
Revisão	*Patricia Garcia Costa*
Diagramação	*Filigrana*
Capa	*Rafael Brum*

Dados Internacionais de Catalogação na Publicação (CIP)

M419v   Maxwell, John, 1947-
        1.ed. 21 qualidades de líderes da Bíblia: desenvolvendo habilidades de liderança inspiradas por homens e mulheres das Escrituras / John Maxwell; tradução de André Lima. – 1.ed. – Rio de Janeiro: Thomas Nelson Brasil, 2021.
        272 p.; 15,5 x 23 cm.

        Título original : 21 qualities of leaders in the Bible: developing leadership traits inspired by the men and women of Scripture.
        ISBN: 978-65-5689-182-8

        1. Cristianismo. 2. Liderança – Aspectos religiosos. 2. Liderança – Cristã. 3. Líderes da bíblia. I. Lima, André. II. Título.
05-2021/11   CDD 262.1

Índice para catálogo sistemático:
1. Liderança: Aspectos religiosos: Cristianismo
Bibliotecária responsável: Aline Graziele Benitez CRB-1/3129

Thomas Nelson Brasil é uma marca licenciada à Vida Melhor Editora LTDA.

Todos os direitos reservados à Vida Melhor Editora LTDA.
Rua da Quitanda, 86, sala 218 – Centro
Rio de Janeiro – RJ – CEP 20091-005
Tel.: (21) 3175-1030
www.thomasnelson.com.br

SUMÁRIO

Agradecimentos.. 9

Introdução... 11

LIÇÃO 1: Caráter... 13

Davi faz uma escolha baseada em seus valores (1Samuel 24:1-22)

O caráter de Daniel o distingue (Daniel 6:3-26,28)

As escolhas de Herodes (Mateus 2:1-18)

LIÇÃO 2: Carisma... 25

Josias celebra a Páscoa como nenhum outro rei
(2Crônicas 34:29-33; 35:1-19)

O carisma de Pedro (Mateus 16:13-20;
Atos 2:14, 22–24, 32–33, 36–41)

Barnabé cresce em carisma (Atos 4:36–37; 11:20–26; 14:8–18)

LIÇÃO 3: Comprometimento... 37

Rute: a bisavó do rei Davi (Rute 1:3–22)

Calebe e Josué se preparam para entrar na Terra Prometida
(Números 14:1–24; Josué 14:6–15)

Estêvão paga um preço pelo comprometimento
(Atos 6:8–15; 7:1–4, 8–10, 17–25, 29–39, 44–60)

LIÇÃO 4: Comunicação.. 51

O decreto de Dario (Esdras 6:1–18)

Jesus estabelece clareza na comunicação (Mateus 22:23–40)

Paulo defende sua causa (Atos 26:1–32)

LIÇÃO 5: Competência 63

Abraão e Isaque: uma história de obediência (Gênesis 22:1–18)

Ezequias se torna rei de Judá (2Crônicas 29:1–11, 15–36; 31:20–21)

As qualificações dos bispos e diáconos (1Timóteo 3:1–13)

LIÇÃO 6: Coragem 75

Josué conduz a passagem do povo pelo Jordão (Josué 1:1–11; 3:1–4, 14–17)

Elias no Monte Carmelo (1Reis 18:16–40)

A coragem de Ester para resgatar o seu povo (Ester 3:8–11; 4:1, 4–7, 9–13, 15–16; 5:1–3; 7:3–10)

LIÇÃO 7: Discernimento 87

Faraó reconhece a sabedoria de José (Gênesis 41:25–57; 47:13–26)

Hirão e Salomão fazem uma aliança (1Reis 5:1–12)

Busque sabedoria e a encontrará (Provérbios 2:1–15)

LICÃO 8: Foco 99

Neemias ignora a oposição (Neemias 6:1–15)

Jesus ajuda Pedro a recuperar o foco (João 21:1–22)

Paulo põe sua vida em perspectiva (Filipenses 3:7–14)

LIÇÃO 9: Generosidade 109

Boaz dá de bom grado (Rute 2:1–18)

O intento do coração generoso (Atos 4:32–37; 5:1–11)

Paulo estimula a generosidade (2Coríntios 8:1–15)

LICÃO 10: Iniciativa 119

A ousadia de Noé (Gênesis 6:9–22; 7:1–5)

Isaías se apresenta (Isaías 6:1–13)

Tiago exalta o valor da iniciativa (Tiago 2:14–26)

LIÇÃO 11: Saber Ouvir 131

A importância de ser um bom ouvinte (1Samuel 3:1–21)

Ouvinte inconsistente (2Crônicas 25:1–2, 5–24, 27–28)

Até Jesus ouviu e aprendeu (Lucas 2:41–52)

LIÇÃO 12: Paixão **143**

O fogo de João Batista é visível a todos (Lucas 3:1–18)

Tudo o que fizerem... (Colossenses 3:1–17, 23–24)

A nuvem de testemunhas (Hebreus 11:4–12, 22–34; 12:1–3)

LIÇÃO 13: Atitude Positiva 155

Uma atitude negativa condena uma nação
(Números 13:1–2, 17–33; 14:1–4, 26–33)

Isaías pinta um quadro de esperança (Isaías 40:6–15, 21–26, 28–31)

Jesus sobre pedir e receber (Mateus 7:7–12)

LIÇÃO 14: Solução de Problemas 167

A sunamita e Eliseu (2Reis 4:8–37)

Ester e Mardoqueu seguem adiante (Ester 8:1–14)

Uma solução criativa (Marcos 5:21–34)

LIÇÃO 15: Relacionamentos 179

Jacó engana Isaque (Gênesis 27:1–45)

A Rainha de Sabá visita Salomão (1 Reis 10:1–10, 13)

Regras de relacionamento de acordo com o apóstolo Paulo
(Romanos 12:9–21)

LIÇÃO 16: Responsabilidade 193

Davi assume a responsabilidade (1Crônicas 21:1–30; 22:1)

Jonas se arrepende e recebe uma segunda chance
(Jonas 1:1–17; 2:1–10; 3:1–10)

Pilatos lava suas mãos (Mateus 27:11–26)

LIÇÃO 17: Segurança 207

Moisés e seus irmãos (Números 12:1–15)

Saul teme o sucesso de Davi (1Samuel 18:1–16)

Natã repreende um rei (2Samuel 12:1–19)

LIÇÃO 18: Autodisciplina **219**

O salmista roga por autodisciplina (Salmos 119:1–16)

Jesus se prepara para iniciar seu ministério (Lucas 4:1–21)

O conselho de Paulo (1Coríntios 9:24–27; 10:1–13, 23–24)

LIÇÃO 19: Disposição para Servir 231

Davi defende os homens que ficaram para trás
(1Samuel 30:1–31)

O samaritano para a fim de ajudar (Lucas 10:25–37)

Jesus dá uma demonstração final (João 13:1–17)

LIÇÃO 20: Disposição para Aprender 243

Rei Nabucodonosor aprende por meio do sofrimento
(Daniel 4:4–37)

Naamã toma uma decisão sábia (2Reis 5:1–15)

A próxima lição (Marcos 10:17–27)

LIÇÃO 21: Visão 255

A visão de Abrão (Gênesis 12:1–7; 15:1–21)

A visão dada a Moisés dura milênios (Êxodo 12:1–29)

Uma visão para a eternidade (Mateus 28:16–20)

Perguntas finais para discussão em grupo 267

Sobre o autor 268

AGRADECIMENTOS

Gostaria de agradecer a Charlie Wetzel e a toda a equipe que me ajudou na formação e publicação deste livro. Agradeço também a todos que fazem parte de minhas organizações, os quais também contribuíram com a obra. Vocês acrescentam um valor incrível a mim, o que me permite acrescentar valor aos outros. Juntos, estamos fazendo a diferença!

INTRODUÇÃO

No início da minha carreira, quando comecei a ensinar sobre liderança na igreja, as pessoas frequentemente ficavam surpresas. Eu era visivelmente jovem e inexperiente, mas as ideias que conseguia transmitir pareciam estar muito além do que eu deveria saber com base na pouca idade. Por volta dos meus vinte e poucos anos, beirando os trinta, senti que Deus estava querendo que eu dedicasse minha vida para ensinar sobre liderança. Este era o meu chamado, a minha paixão.

Na medida em que começava a escrever e a falar sobre liderança para o público em geral, as pessoas perguntavam perplexas: "Onde você aprendeu tudo isso?" Eu me sentia bem ao revelar um segredo: tudo que sei sobre liderança, aprendi na Bíblia.

A Bíblia não é apenas o maior livro já escrito, mas é também o maior livro sobre liderança já produzido. Tudo o que quiser aprender sobre liderança – visão, propósito, estratégia mental, comunicação, atitude, coragem, preparação, resiliência – pode ser encontrado ali. É preciso apenas estar atento para que Deus possa ensinar. Como está escrito em Isaías 55:11:

> assim também ocorre com a palavra
> que sai da minha boca:
> ela não voltará para mim vazia,
> mas fará o que desejo
> e atingirá o propósito para o qual a enviei.

A Palavra de Deus sempre cumpre seu propósito. Se você já sentiu aquele ímpeto para se tornar um líder melhor e mais completo ou se alguém já te deu um tapinha no ombro pedindo para liderar, Deus o ajudará.

Estou feliz por você decidir embarcar nesta jornada rumo ao desenvolvimento da sua capacidade de liderança por meio da Palavra de Deus. O foco deste livro está nas qualidades que qualquer pessoa precisa aprimorar para se tornar um líder melhor e mais completo. Este estudo foi baseado no meu livro *As 21 indispensáveis qualidades de um líder*[1]. Cada lição começa com a definição da qualidade que será abordada no capítulo, mas a ênfase está na forma como tal qualidade gerou impacto na liderança de personagens da Bíblia. Cada lição também traz três estudos de caso bíblicos cuidadosamente selecionados – alguns positivos, outros negativos – os quais revelam e ilustram a qualidade em questão. Após ler cada uma dessas passagens bíblicas, você responderá perguntas que te levarão a mergulhar na riqueza de ensinamentos contidos nas Escrituras.

Este livro não foi criado para ser um mero estudo teórico. Mas para te ajudar a se tornar um líder melhor e mais completo – o tipo de pessoa que as outras querem seguir. Cada seção é composta de *insights* e perguntas que conduzem à reflexão sobre liderança, bem como de estímulos para a tomada de decisões, de modo que se possa desenvolver a capacidade de liderança para a vida.

Você pode tranquilamente percorrer este livro à sua própria maneira e em carreira solo como forma de aperfeiçoar sua capacidade de liderança. Mas eu gostaria de sugerir que você opte por realizar esta jornada como parte de um grupo. Afinal, não há nada tão valioso quanto aprender com pessoas que pensam como você e que também estejam buscando o crescimento e o desenvolvimento de suas habilidades de liderança. Para ajudá-lo neste processo, incluí perguntas voltadas a discussões em grupo ao final de cada lição. Além disso, acrescentei um conjunto adicional de perguntas a serem tratadas em grupos após a conclusão das 21 lições deste livro.

Antes de se reunir com outras pessoas para participar desse processo de forma coletiva, é recomendável que todos os participantes tenham completado as lições individuais. Só então deverão se reunir e responder às perguntas relativas às discussões em grupo. Acredito que todos chegarão à conclusão de que é possível aproveitar melhor e absorver muito mais do conteúdo ao compartilhar novas descobertas, aprendendo uns com os outros.

Que Deus o abençoe enquanto você aproveita esta jornada.

---

[1] São Paulo: Vida Melhor, 2012.

LIÇÃO I

CARÁTER

SEJA UMA PARTE DA ROCHA

A QUALIDADE DEFINIDA

Líderes não podem se sobressair para além das limitações de seu caráter. Isso ocorre porque os demais membros da equipe não confiam em líderes cujo caráter eles reconhecem como faltosos, de modo que não continuarão seguindo tais líderes.

Seu caráter determina quem você é. Quem você é determina o que você vê. O que você vê determina o que você faz. Por isso, nunca é possível separar o caráter das ações de um líder. Se as ações e intenções de um líder estão em contínuo descompasso entre si, é possível analisar o caráter do indivíduo a fim de descobrir o motivo.

A forma como um líder enfrenta as circunstâncias da vida diz muito sobre seu caráter. Crises não necessariamente formam caráter, mas certamente o revelam. Adversidades são bifurcações que impõem a escolha de um entre dois caminhos: caráter ou comprometimento de ideais ou posturas. Cada vez que se adota o caminho do caráter, o líder se torna mais forte, mesmo que tal escolha traga consequências negativas. O aprimoramento do caráter está no âmago do nosso desenvolvimento, não apenas como líderes, mas como seres humanos.

Existem muitas coisas na vida sobre as quais não exercemos nenhum controle. Mas nosso caráter depende das nossas escolhas. Na realidade, nosso caráter é forjado a cada escolha que fazemos – se evitamos ou encaramos uma situação difícil, se maquiamos ou suportamos o peso da verdade nua e crua, se nos corrompemos ou pagamos o preço de uma postura

ESTUDOS DE CASO

irretocável. Na medida em que você vive e faz escolhas, seu caráter está em constante formação.

Leia esses estudos de caso da Bíblia e responda às perguntas a seguir.

1 Davi faz uma escolha baseada em seus valores

1Samuel 24:1-22

[1] *Saul voltou da luta contra os filisteus e disseram-lhe que Davi estava no deserto de En-Gedi.* [2] *Então Saul tomou três mil de seus melhores soldados de todo o Israel e partiu à procura de Davi e seus homens, perto dos rochedos dos Bodes Selvagens.*

[3] *Ele foi aos currais de ovelhas que ficavam junto ao caminho; havia ali uma caverna, e Saul entrou nela para fazer suas necessidades. Davi e seus soldados estavam bem no fundo da caverna.* [4] *Eles disseram: "Este é o dia sobre o qual o Senhor lhe falou: 'Entregarei nas suas mãos o seu inimigo para que você faça com ele o que quiser'". Então Davi foi com muito cuidado e cortou uma ponta do manto de Saul, sem que este percebesse.*

[5] *Mas Davi sentiu bater-lhe o coração de remorso por ter cortado uma ponta do manto de Saul,* [6] *e então disse a seus soldados: "Que o Senhor me livre de fazer tal coisa a meu senhor, de erguer a mão contra ele, pois é o ungido do Senhor".* [7] *Com essas palavras Davi repreendeu os soldados e não permitiu que atacassem Saul. E este saiu da caverna e seguiu seu caminho.*

[8] *Então Davi saiu da caverna e gritou para Saul: "Ó rei, meu senhor!" Quando Saul olhou para trás, Davi inclinou-se, rosto em terra,* [9] *e depois disse: "Por que o rei dá atenção aos que dizem que eu pretendo fazer-lhe mal?* [10] *Hoje o rei pode ver com seus próprios olhos como o Senhor o entregou em minhas mãos na caverna. Alguns insistiram que eu o matasse, mas eu o poupei, pois disse: Não erguerei a mão contra meu senhor, pois ele é o ungido do Senhor.* [11] *Olha, meu pai, olha para este pedaço de teu manto em minha mão! Cortei a ponta de teu manto, mas não te matei. Agora entende e reconhece que não sou culpado de fazer-te mal ou de*

LIÇÃO I: CARÁTER

rebelar-me. Não te fiz mal algum, embora estejas à minha procura para tirar-me a vida. ^{12} *O Senhor julgue entre mim e ti. Vingue ele os males que tens feito contra mim, mas não levantarei a mão contra ti.* ^{13} *Como diz o provérbio antigo: 'Dos ímpios vêm coisas ímpias'; por isso não levantarei a minha mão contra ti.* ^{14} *"Contra quem saiu o rei de Israel? A quem está perseguindo? A um cão morto! A uma pulga!* ^{15} *O Senhor seja o juiz e nos julgue. Considere ele minha causa e a sustente; que ele me julgue, livrando-me de tuas mãos".* ^{16} *Tendo Davi falado todas essas palavras, Saul perguntou: "É você, meu filho Davi?" E chorou em alta voz.* ^{17} *"Você é mais justo do que eu", disse a Davi. "Você me tratou bem, mas eu o tratei mal.* ^{18} *Você acabou de mostrar o bem que me tem feito; o Senhor me entregou em suas mãos, mas você não me matou.* ^{19} *Quando um homem encontra um inimigo e o deixa ir sem fazer-lhe mal? O Senhor o recompense com o bem, pelo modo como você me tratou hoje.* ^{20} *Agora tenho certeza de que você será rei e de que o reino de Israel será firmado em suas mãos.* ^{21} *Portanto, jure-me pelo Senhor que você não eliminará meus descendentes nem fará meu nome desaparecer da família de meu pai".*

^{22} *Então Davi fez seu juramento a Saul. E este voltou para casa, mas Davi e seus soldados foram para a fortaleza.*

Perguntas para estudo

1. Davi se recusou a matar o Rei Saul porque ele era o ungido do Senhor. Entretanto, Davi também tinha sido ungido pelo profeta Samuel como futuro rei de Israel (veja 1Samuel 16:13). Você acredita que Davi estaria agindo de forma correta se tivesse matado Saul e tomado o seu lugar? Explique.

2 I QUALIDADES DE LÍDERES DA BÍBLIA

2. Se Davi tivesse matado Saul, como isso teria influenciado o seu futuro como rei? De que maneira a forma como um rei conquista sua posição impacta o tom de sua liderança?

_____

_____

_____

_____

_____

3. Os homens de Davi desejavam que ele matasse Saul. Você acredita que a decisão de Davi frustrou seus comandados ou levou-os a admirá-lo? Explique.

_____

_____

_____

_____

_____

4. Por que você acha que Saul suplicou a Davi para que não matasse seus descendentes em vez de implorar para que não matasse a ele próprio? O que esse pedido diz a respeito dos dois personagens?

_____

_____

_____

_____

_____

2 O caráter de Daniel o distingue

Daniel 6:3-26,28

[3] *Ora, Daniel se destacou tanto entre os supervisores e os sátrapas por suas grandes qualidades, que o rei planejava colocá-lo à frente do governo de todo o império.* [4] *Diante disso, os supervisores e os sátrapas procuraram motivos para acusar Daniel em sua administração governamental, mas*

nada conseguiram. Não puderam achar nele falta alguma, pois ele era fiel; não era desonesto nem negligente. ⁵ Finalmente esses homens disseram: "Jamais encontraremos algum motivo para acusar esse Daniel, a menos que seja algo relacionado com a lei do Deus dele".

⁶ E assim os supervisores e os sátrapas, de comum acordo, foram falar com o rei: "Ó rei Dario, vive para sempre! ⁷ Todos os supervisores reais, os prefeitos, os sátrapas, os conselheiros e os governadores concordaram em que o rei deve emitir um decreto ordenando que todo aquele que orar a qualquer deus ou a qualquer homem nos próximos trinta dias, exceto a ti, ó rei, seja atirado na cova dos leões. ⁸ Agora, ó rei, emite o decreto e assina-o para que não seja alterado, conforme a lei dos medos e dos persas, que não pode ser revogada". ⁹ E o rei Dario assinou o decreto.

¹⁰ Quando Daniel soube que o decreto tinha sido publicado, foi para casa, para o seu quarto, no andar de cima, onde as janelas davam para Jerusalém e ali fez o que costumava fazer: três vezes por dia ele se ajoelhava e orava, agradecendo ao seu Deus. ¹¹ Então aqueles homens foram investigar e encontraram Daniel orando, pedindo ajuda a Deus. ¹² E foram logo falar com o rei acerca do decreto real: "Tu não publicaste um decreto ordenando que nestes trinta dias todo aquele que fizer algum pedido a qualquer deus ou a qualquer homem, exceto a ti, ó rei, será lançado na cova dos leões?"

O rei respondeu: "O decreto está em vigor, conforme a lei dos medos e dos persas, que não pode ser revogada".

¹³ Então disseram ao rei: "Daniel, um dos exilados de Judá, não te dá ouvidos, ó rei, nem ao decreto que assinaste. Ele continua orando três vezes por dia". ¹⁴ Quando o rei ouviu isso, ficou muito contrariado e decidiu salvar Daniel. Até o pôr-do-sol, fez o possível para livrá-lo.

¹⁵ Mas os homens lhe disseram: "Lembra-te, ó rei, de que, segundo a lei dos medos e dos persas, nenhum decreto ou edito do rei pode ser modificado".

¹⁶ Então o rei deu ordens, e eles trouxeram Daniel e o jogaram na cova dos leões. O rei, porém, disse a Daniel: "Que o seu Deus, a quem você serve continuamente, o livre!"

¹⁷ Taparam a cova com uma pedra, e o rei a selou com o seu anel-selo e com os anéis dos seus nobres, para que a decisão sobre Daniel não se modificasse. ¹⁸ Tendo voltado ao palácio, o rei passou a noite sem comer e não aceitou nenhum divertimento em sua presença. Além disso, não conseguiu dormir.

[19] Logo ao alvorecer, o rei se levantou e correu para a cova dos leões. [20] Quando ia se aproximando da cova, chamou Daniel com voz que revelava aflição: "Daniel, servo do Deus vivo, será que o seu Deus, a quem você serve continuamente, pôde livrá-lo dos leões?"

[21] Daniel respondeu: "Ó rei, vive para sempre! [22] O meu Deus enviou o seu anjo, que fechou a boca dos leões. Eles não me fizeram mal algum, pois fui considerado inocente à vista de Deus. Também contra ti não cometi mal algum, ó rei".

[23] O rei muito se alegrou e ordenou que tirassem Daniel da cova. Quando o tiraram da cova, viram que não havia nele nenhum ferimento, pois ele tinha confiado no seu Deus.

[24] E, por ordem do rei, os homens que tinham acusado Daniel foram atirados na cova dos leões, junto com as suas mulheres e os seus filhos. E, antes de chegarem ao fundo, os leões os atacaram e despedaçaram todos os seus ossos.

[25] Então o rei Dario escreveu aos homens de todas as nações, povos e línguas de toda a terra:

"Paz e prosperidade!

[26] "Estou editando um decreto para que em todos os domínios do império os homens temam e reverenciem o Deus de Daniel."...

[28] Assim Daniel prosperou durante os reinados de Dario e de Ciro, o Persa.

Perguntas para estudo

1. Por que você acha que os outros oficiais decidiram tomar medidas contra Daniel? Qual era a motivação deles?

   _____

   _____

   _____

   _____

   _____

   _____

LIÇÃO I: CARÁTER

2. Daniel é descrito como um homem que não era corrupto nem negligente. Até que ponto a inexistência dessas duas falhas convergem para um bom caráter?
Quais outras falhas de caráter você acrescentaria à lista?

_____

_____

_____

_____

_____

3. Por que você acredita que Daniel continuou orando a Deus três vezes ao dia após Dario ter assinado o edito?

_____

_____

_____

_____

4. Qual seria a reação de Dario se ele tivesse encontrado Daniel morto no dia seguinte? O que poderia ter mudado? Faça uma lista das obras e feitos de Deus por meio da salvação de Daniel.

_____

_____

_____

_____

_____

3 As escolhas de Herodes

Mateus 2:1-18

[1] *Depois que Jesus nasceu em Belém da Judéia, nos dias do rei Herodes, magos vindos do oriente chegaram a Jerusalém* [2] *e perguntaram: "Onde está o recém-nascido rei dos judeus? Vimos a sua estrela no oriente e viemos adorá-lo".*

3 Quando o rei Herodes ouviu isso, ficou perturbado, e com ele toda Jerusalém. 4 Tendo reunido todos os chefes dos sacerdotes do povo e os mestres da lei, perguntou-lhes onde deveria nascer o Cristo. 5 E eles responderam: "Em Belém da Judéia; pois assim escreveu o profeta:

6"'Mas tu, Belém,
da terra de Judá,
de forma alguma és a menor
entre as principais cidades
de Judá;
pois de ti virá o líder
que, como pastor, conduzirá
Israel, o meu povo'".

7 Então Herodes chamou os magos secretamente e informou-se com eles a respeito do tempo exato em que a estrela tinha aparecido. 8 Enviou-os a Belém e disse: "Vão informar-se com exatidão sobre o menino. Logo que o encontrarem, avisem-me, para que eu também vá adorá-lo".

9 Depois de ouvirem o rei, eles seguiram o seu caminho, e a estrela que tinham visto no oriente foi adiante deles, até que finalmente parou sobre o lugar onde estava o menino. 10 Quando tornaram a ver a estrela, encheram-se de júbilo. 11 Ao entrarem na casa, viram o menino com Maria, sua mãe, e, prostrando-se, o adoraram. Então abriram os seus tesouros e lhe deram presentes: ouro, incenso e mirra. 12 E, tendo sido advertidos em sonho para não voltarem a Herodes, retornaram a sua terra por outro caminho.

13 Depois que partiram, um anjo do Senhor apareceu a José em sonho e lhe disse: "Levante-se, tome o menino e sua mãe, e fuja para o Egito. Fique lá até que eu lhe diga, pois Herodes vai procurar o menino para matá-lo".

14 Então ele se levantou, tomou o menino e sua mãe durante a noite, e partiu para o Egito, 15 onde ficou até a morte de Herodes. E assim se cumpriu o que o Senhor tinha dito pelo profeta: "Do Egito chamei o meu filho".

16 Quando Herodes percebeu que havia sido enganado pelos magos, ficou furioso e ordenou que matassem todos os meninos de dois anos para baixo, em Belém e nas proximidades, de acordo com a informação que havia obtido dos magos. 17 Então se cumpriu o que fora dito pelo profeta Jeremias:

LIÇÃO I: CARÁTER

[18] "Ouviu-se uma voz em Ramá,
choro e grande lamentação;
é Raquel que chora por seus filhos
e recusa ser consolada,
porque já não existem".

Perguntas para estudo

1. A passagem informa que o Rei Herodes e toda Jerusalém ficaram perturbados com a pergunta dos magos. Por que Herodes ficou tão perturbado? Por que o povo de Jerusalém também ficou perturbado?

   _____

   _____

   _____

   _____

   _____

2. O que Herodes teria feito se os magos tivessem voltado a ele e fornecido a informação que ele solicitava?

   _____

   _____

   _____

   _____

3. Quais atos de Herodes apontam para a natureza de seu caráter? Faça uma lista. Ao lado de cada ação, descreva o aspecto de seu caráter por ela revelado.

   _____

   _____

   _____

   _____

   _____

REFLEXÃO E *INSIGHTS* DE LIDERANÇA

Quais foram as intenções dos diversos líderes nessas passagens?

Davi: _____

Saul: _____

Daniel: _____

Dario: _____

Administradores e Sátrapas: _____

Herodes: _____

Os Magos: _____

De que maneira intenções e caráter estão relacionados? Como eles se relacionam entre si? É possível que um líder tenha más intenções e bom caráter? Ou más intenções e bom caráter? Reflita a respeito de cada combinação de liderança que se segue e descreva o que cada tipo daria.

Más Intenções – Bom Caráter

_____

_____

_____

Más Intenções – Mau Caráter

_____

_____

_____

Boas Intenções – Mau Caráter

_____

_____

_____

Boas intenções – Bom Caráter

_____

_____

_____

LIÇÃO I: CARÁTER

PARTINDO PARA AÇÃO

Analise calmamente a natureza da sua motivação para liderar outras pessoas. O que você diria que está buscando ou tentando atingir como um líder?

_____

_____

_____

_____

_____

_____

_____

Volte para a descrição do caráter de Daniel com alguns traços adicionais por você Identificados. Avalie a si mesmo nestas áreas:

Não corrupto: _____

Não negligente: _____

:_____

:_____

:_____

:_____

:_____

:_____

Onde é preciso se desenvolver de modo que seu caráter e intenções sejam sólidos e positivos? O que você fará para mudar?

_____

_____

_____

_____

_____

_____

_____

Perguntas para discussão em grupo

1. Davi é descrito como um homem segundo o coração de Deus (veja 1Samuel 13:14), até que ponto essa descrição está relacionada ao caráter de Davi?

2. Se tivesse passado pela situação que Davi enfrentou, o que você teria feito?

   ❑ Acabado com Saul por suas próprias mãos?
   ❑ Permitido que seus homens tivessem acabado com Saul?
   ❑ Confrontado Saul na caverna?
   ❑ Cortado a veste de Saul e se dirigido a ele logo em seguida (como Davi fez)?
   ❑ Cortado a veste de Saul, mas sem falar com ele?
   ❑ Ficado escondido o tempo todo esperando até que Saul saísse dali?

   Explique sua resposta.

3. Em Daniel 6:14 lemos que: "O Rei Dario estava determinado a resgatar Daniel e fez todo esforço até o pôr do sol para salvá-lo". O que tal esforço deve ter envolvido? Por que ele simplesmente não suspendeu o edito?

4. O que teria passado pela cabeça de Daniel quando ele foi colocado na cova dos leões? Você acha que ele esperava ser salvo ou morrer? Explique.

5. Em duas das passagens, Deus enviou anjos para intervir em favor do seu povo. Quando você se encontra em uma situação difícil, de que forma seu caráter se revela? E o que espera que Deus faça em seu favor?

6. Qual foi seu maior aprendizado sobre caráter em liderança extraído desta lição?

7. Que atitude você imagina que Deus esteja te exortando a tomar em sua forma de liderar? Quando e como você pretende implementá-la?

LIÇÃO 2

CARISMA

A PRIMEIRA IMPRESSÃO PODE
SACRAMENTAR A VITÓRIA

A QUALIDADE DEFINIDA

Muita gente imagina o carisma como sendo algo místico, quase indefinível. Acreditam ser uma qualidade com a qual uma pessoa já nasce, que não pode ser construída. Mas isso não é completamente verdadeiro. Carisma, definido de forma simples, é a capacidade de atrair pessoas. E pode ser desenvolvido como outros traços de caráter.

Pense nas pessoas com as quais você tem prazer de compartilhar seu tempo. Como você as descreveria? De humor instável? Inseguras? Cínicas? Claro que não. Pessoas carismáticas celebram e são apaixonadas pela vida. Esperam sempre o melhor dos outros. Doam o melhor de si mesmas. Elas compartilham sabedoria, recursos e até mesmo o tempo escasso de que dispõem. Se quiser atrair as outras pessoas, você precisa seguir o exemplo daqueles com os quais você tem prazer de estar. Dê atenção aos outros, motive-os e os ajude a atingir seu potencial, e assim eles o amarão.

Os traços positivos de uma pessoa carismática são flagrantes assim que nos deparamos com ela, tornando-a imediatamente uma boa companhia. Mas uma liderança carismática vai além da primeira impressão. Para influenciar de forma positiva no longo prazo, um líder carismático precisa ser consistente. Ela ou ele fazem com que as pessoas se sintam queridas, valorizadas e consideradas de forma constante, no dia a dia.

Quando se trata de carisma, o que está em jogo é a capacidade de se colocar no lugar dos outros. Líderes que pensam nas outras pessoas e nas preocupações delas antes de considerar suas próprias necessidades

25

21 QUALIDADES DE LÍDERES DA BÍBLIA

são aqueles capazes de atrair pessoas e de estabelecer lealdade entre seus comandados.

ESTUDOS DE CASO

Leia esses estudos de caso da Bíblia e responda às perguntas a seguir.

1 Josias celebra a Páscoa como nenhum outro rei

2Crônicas 34:29-33

[29] Em face disso, o rei convocou todas as autoridades de Judá e de Jerusalém. [30] Depois subiu ao templo do Senhor acompanhado por todos os homens de Judá, todo o povo de Jerusalém, os sacerdotes e os levitas: todo o povo, dos mais simples aos mais importantes. Para todos o rei leu em alta voz todas as palavras do Livro da Aliança, que havia sido encontrado no templo do Senhor. [31] Ele tomou o seu lugar e, na presença do Senhor, fez uma aliança, comprometendo-se a seguir o Senhor e obedecer de todo o coração e de toda a alma aos seus mandamentos, aos seus testemunhos e aos seus decretos, cumprindo as palavras da aliança escritas naquele livro.

[32] Depois fez com que todos em Jerusalém e em Benjamim se comprometessem com a aliança; os habitantes de Jerusalém passaram a cumprir a aliança de Deus, o Deus dos seus antepassados.

[33] Josias retirou todos os ídolos detestáveis de todo o território dos israelitas e obrigou todos os que estavam em Israel a servirem ao Senhor, o seu Deus. E enquanto ele viveu, o povo não deixou de seguir o Senhor, o Deus dos seus antepassados.

2Crônicas 35:1-19

[1] Josias celebrou a Páscoa do Senhor em Jerusalém, e o cordeiro da Páscoa foi abatido no décimo quarto dia do primeiro mês. [2] Ele nomeou os sacerdotes para as suas responsabilidades e os encorajou a se dedicarem ao serviço no templo do Senhor. [3] Ele disse aos levitas que instruíam todo o Israel e haviam sido consagrados ao Senhor: "Ponham a arca sagrada no templo construído por Salomão, filho de Davi, rei de Israel. Vocês não

LIÇÃO 2: CARISMA

precisam mais levá-la de um lado para outro sobre os ombros. Agora sirvam ao Senhor, o seu Deus, e a Israel, o povo dele. ⁴ Preparem-se por famílias, em suas divisões, de acordo com a orientação escrita por Davi, rei de Israel, e por seu filho Salomão.

⁵ "Fiquem no Lugar Santo com um grupo de levitas para cada subdivisão das famílias do povo. ⁶ Abatam os cordeiros da Páscoa, consagrem-se e preparem os cordeiros para os seus irmãos israelitas, fazendo o que o Senhor ordenou por meio de Moisés".

⁷ Josias deu a todo o povo que ali estava um total de trinta mil ovelhas e cabritos para as ofertas da Páscoa, além de três mil bois; tudo foi tirado dos bens pessoais do rei.

⁸ Seus oficiais também contribuíram voluntariamente para o povo, para os sacerdotes e para os levitas. Hilquias, Zacarias e Jeiel, os administradores do templo de Deus, deram aos sacerdotes duas mil e seiscentas ovelhas e cabritos e trezentos bois. ⁹ Também Conanias, com seus irmãos Semaías e Natanael, e os líderes dos levitas Hasabias, Jeiel e Jozabade, ofereceram aos levitas cinco mil ovelhas e cabritos e quinhentos bois.

¹⁰ O serviço foi organizado e os sacerdotes assumiram os seus lugares com os levitas em seus turnos, conforme o rei ordenara. ¹¹ Os cordeiros da Páscoa foram abatidos, e os sacerdotes aspergiram o sangue que lhes fora entregue, enquanto os levitas tiravam a pele dos animais. ¹² Eles separaram também os holocaustos para dá-los aos grupos das famílias do povo, para que elas os oferecessem ao Senhor, conforme está escrito no Livro de Moisés; e fizeram o mesmo com os bois. ¹³ Assaram os animais da Páscoa sobre o fogo, conforme prescrito, cozinharam as ofertas sagradas em potes, caldeirões e panelas, e serviram rapidamente todo o povo. ¹⁴ Depois disso, os levitas prepararam a parte deles e a dos sacerdotes, pois estes, descendentes de Arão, ficaram sacrificando os holocaustos e as porções de gordura até o anoitecer. Foi por isso que os levitas prepararam a parte deles e a dos sacerdotes, descendentes de Arão.

¹⁵ Os músicos, descendentes de Asafe, estavam nos locais prescritos por Davi e por Asafe, Hemã e Jedutum, vidente do rei. Os porteiros que guardavam cada porta não precisaram deixar os seus postos, pois os seus colegas levitas prepararam as ofertas para eles.

¹⁶ Assim, naquele dia, todo o serviço do Senhor foi executado para a celebração da Páscoa e para a apresentação de holocaustos no altar do Senhor, conforme o rei Josias havia ordenado. ¹⁷ Os israelitas que estavam presentes

celebraram a Páscoa naquele dia e durante sete dias celebraram a festa dos pães sem fermento. [18] A Páscoa não havia sido celebrada dessa maneira em Israel desde os dias do profeta Samuel; e nenhum dos reis de Israel havia celebrado uma Páscoa como esta, como o fez Josias, com os sacerdotes, os levitas e todo o Judá e Israel que estavam ali com o povo de Jerusalém. [19] Esta Páscoa foi celebrada no décimo oitavo ano do reinado de Josias.

Perguntas para estudo

1. Josias ordenou que o Templo fosse reparado e, enquanto o trabalho era feito, o livro da Lei foi descoberto, e Josias se arrependeu ao lê-lo. Sua reverência a Deus o motivou a considerar a Páscoa, mas ele também estava preocupado com o povo. Qual indício é possível encontrar na passagem bíblica de que Josias se colocou no lugar dos outros?

   _____

   _____

   _____

   _____

2. De que maneira a resposta dos oficiais de Josias demonstra que ele possuía carisma?

   _____

   _____

   _____

3. O que tornou este evento memorável ao povo de Israel? Como você acha que teria se sentido se estivesse presente ali? Qual teria sido sua opinião sobre Josias?

   _____

   _____

   _____

   _____

LIÇÃO 2: CARISMA

2 O carisma de Pedro

Mateus 16:13-20

[13] Chegando Jesus à região de Cesaréia de Filipe, perguntou aos seus discípulos: "Quem os outros dizem que o Filho do homem é?"

[14] Eles responderam: "Alguns dizem que é João Batista; outros, Elias; e, ainda outros, Jeremias ou um dos profetas".

[15] "E vocês?", perguntou ele. "Quem vocês dizem que eu sou?"

[16] Simão Pedro respondeu: "Tu és o Cristo, o Filho do Deus vivo".

[17] Respondeu Jesus: "Feliz é você, Simão, filho de Jonas! Porque isto não lhe foi revelado por carne ou sangue, mas por meu Pai que está nos céus. [18] E eu lhe digo que você é Pedro, e sobre esta pedra edificarei a minha igreja, e as portas do Hades não poderão vencê-la. [19] Eu lhe darei as chaves do Reino dos céus; o que você ligar na terra terá sido ligado nos céus, e o que você desligar na terra terá sido desligado nos céus". [20] Então advertiu a seus discípulos que não contassem a ninguém que ele era o Cristo.

Atos 2:14, 22-24, 32-33, 36-41

[14] Então Pedro levantou-se com os Onze e, em alta voz, dirigiu-se à multidão: "Homens da Judéia e todos os que vivem em Jerusalém, deixem-me explicar-lhes isto! Ouçam com atenção....

[22] "Israelitas, ouçam estas palavras: Jesus de Nazaré foi aprovado por Deus diante de vocês por meio de milagres, maravilhas e sinais que Deus fez entre vocês por intermédio dele, como vocês mesmos sabem. [23] Este homem lhes foi entregue por propósito determinado e pré-conhecimento de Deus; e vocês, com a ajuda de homens perversos, o mataram, pregando-o na cruz. [24] Mas Deus o ressuscitou dos mortos, rompendo os laços da morte, porque era impossível que a morte o retivesse....

[32] Deus ressuscitou este Jesus, e todos nós somos testemunhas desse fato. [33] Exaltado à direita de Deus, ele recebeu do Pai o Espírito Santo prometido e derramou o que vocês agora veem e ouvem....

[36] "Portanto, que todo o Israel fique certo disto: Este Jesus, a quem vocês crucificaram, Deus o fez Senhor e Cristo".

[37] Quando ouviram isso, ficaram aflitos em seu coração, e perguntaram a Pedro e aos outros apóstolos: "Irmãos, que faremos?"

21 QUALIDADES DE LÍDERES DA BÍBLIA

[38] Pedro respondeu: "Arrependam-se, e cada um de vocês seja batizado em nome de Jesus Cristo para perdão dos seus pecados, e receberão o dom do Espírito Santo. [39] Pois a promessa é para vocês, para os seus filhos e para todos os que estão longe, para todos quantos o Senhor, o nosso Deus, chamar".

[40] Com muitas outras palavras os advertia e insistia com eles: "Salvem-se desta geração corrompida!" [41] Os que aceitaram a mensagem foram batizados, e naquele dia houve um acréscimo de cerca de três mil pessoas.

Perguntas para estudo

1. Qual teria sido a motivação de Pedro quando Jesus perguntou aos discípulos a opinião deles sobre quem ele era, e Pedro declarou que Jesus era o Messias? Qual foi a motivação de Pedro quando, mais tarde, ele se dirigiu aos israelitas e declarou que Jesus era o Messias? O que esta mudança de motivação demonstra?

   _____

   _____

   _____

   _____

   _____

   _____

2. De que maneira a resposta da multidão a Pedro representa um indicador de seu carisma?

   _____

   _____

   _____

   _____

   _____

   _____

LIÇÃO 2: CARISMA

3. Pedro tinha a vantagem de conhecer e comunicar a verdade quando falava, a fim de ajudar o povo. De que forma líderes que não dizem a verdade ou que não se importam com as pessoas conseguiriam usar o carisma para o seu benefício?

_____

_____

_____

_____

_____

_____

4. Você acredita que Pedro sempre foi carismático como líder? Ou foi se tornando mais carismático ao longo do tempo? Qual sua opinião?

_____

_____

_____

_____

_____

_____

3 Barnabé cresce em carisma

Atos 4:36-37

[36] *José, um levita de Chipre a quem os apóstolos deram o nome de Barnabé, que significa "encorajador",* [37] *vendeu um campo que possuía, trouxe o dinheiro e o colocou aos pés dos apóstolos.*

Atos 11:20-26

[20] *Alguns deles, todavia, cipriotas e cireneus, foram a Antioquia e começaram a falar também aos gregos, contando-lhes as boas novas a respeito do Senhor Jesus.* [21] *A mão do Senhor estava com eles, e muitos creram e se converteram ao Senhor.*

²² Notícias desse fato chegaram aos ouvidos da igreja em Jerusalém, e eles enviaram Barnabé a Antioquia. ²³ Este, ali chegando e vendo a graça de Deus, ficou alegre e os animou a permanecerem fiéis ao Senhor, de todo o coração. ²⁴ Ele era um homem bom, cheio do Espírito Santo e de fé; e muitas pessoas foram acrescentadas ao Senhor.

²⁵ Então Barnabé foi a Tarso procurar Saulo ²⁶ e, quando o encontrou, levou-o para Antioquia. Assim, durante um ano inteiro Barnabé e Saulo se reuniram com a igreja e ensinaram a muitos. Em Antioquia, os discípulos foram pela primeira vez chamados cristãos.

Atos 14:8-18

⁸ Em Listra havia um homem paralítico dos pés, aleijado desde o nascimento, que vivia ali sentado e nunca tinha andado. ⁹ Ele ouvira Paulo falar. Quando Paulo olhou diretamente para ele e viu que o homem tinha fé para ser curado, ¹⁰ disse em alta voz: "Levante-se! Fique em pé!" Com isso, o homem deu um salto e começou a andar.

¹¹ Ao ver o que Paulo fizera, a multidão começou a gritar em língua licaônica: "Os deuses desceram até nós em forma humana!" ¹² A Barnabé chamavam Zeus e a Paulo Hermes, porque era ele quem trazia a palavra. ¹³ O sacerdote de Zeus, cujo templo ficava diante da cidade, trouxe bois e coroas de flores à porta da cidade, porque ele e a multidão queriam oferecer-lhes sacrifícios.

¹⁴ Ouvindo isso, os apóstolos Barnabé e Paulo rasgaram as roupas e correram para o meio da multidão, gritando: ¹⁵ "Homens, por que vocês estão fazendo isso? Nós também somos humanos como vocês. Estamos trazendo boas novas para vocês, dizendo-lhes que se afastem dessas coisas vãs e se voltem para o Deus vivo, que fez o céu, a terra, o mar e tudo o que neles há. ¹⁶ No passado ele permitiu que todas as nações seguissem os seus próprios caminhos. ¹⁷ Contudo, Deus não ficou sem testemunho: mostrou sua bondade, dando-lhes chuva do céu e colheitas no tempo certo, concedendo-lhes sustento com fartura e um coração cheio de alegria". ¹⁸ Apesar dessas palavras, eles tiveram dificuldade para impedir que a multidão lhes oferecesse sacrifícios.

LIÇÃO 2: CARISMA

Perguntas para estudo

1. O que a passagem diz sobre o carisma de Barnabé, característica que fez com que o povo de Listra pensasse que ele era Zeus, o deus mais poderoso da mitologia grega, apesar de Barnabé não ter feito nenhum milagre?

2. O nome original de Barnabé era José, mas os apóstolos o chamavam de "encorajador". O que isso diz a respeito de Barnabé? Em sua opinião qual era o papel dele em meio aos doze apóstolos em Jerusalém?

3. Por que Barnabé era tão bom encorajador? Quais traços você vê nele que o tornaram capaz de fazer o que ele fez, além de atrair pessoas?

Reflexão e *insights* de liderança

Os três líderes destas passagens bíblicas tinham a verdade ao seu lado. A verdade era o alicerce do que eles estavam dispostos a alcançar. Como tal condição confere uma vantagem inigualável em se tratando de liderança?

_____

_____

_____

_____

_____

_____

_____

Os três líderes desejavam ajudar os outros. Como a motivação de um líder entra em cena em se tratando do desenvolvimento de carisma?

_____

_____

_____

_____

_____

_____

Qual seu alicerce de liderança? E qual sua motivação? O que você está tentando alcançar com sua liderança?

_____

_____

_____

_____

_____

_____

_____

LIÇÃO 2: CARISMA

Partindo para ação

Pense nas suas respostas para as últimas duas perguntas. Existe alguma inconsistência entre a verdade de Deus e os seus métodos de liderança? Suas intenções são puras? Você se sente movido pelo desejo de ajudar os outros? Você está focado nas pessoas ou nas suas próprias prioridades? O que você está sentindo que Deus quer que você altere para se tornar um líder melhor e mais completo? O que você pode fazer agora mesmo para se aperfeiçoar?

Perguntas para discussão em grupo

1. Você conseguiu traçar uma correlação com o sistema sacrificial do templo do Antigo Testamento? Conseguiu relacionar o desejo de Josias de sacrificar tantos animais e o desejo dos seus oficiais de fornecer ainda mais animais a serem sacrificados? Qual seria um equivalente em nossos dias?

2. Josias, Pedro e Barnabé tinham níveis diferentes de autoridade formal. O que este fato revela sobre o papel da autoridade formal em relação ao carisma? Como você definiria a posição de cada líder, título ou autoridade e quanta importância tais atributos de fato tiveram?

3. No passado, você considerava carisma como uma qualidade natural ou um traço de caráter que pudesse ser desenvolvido? Explique.

4. Quanto de carisma natural você acha que cada um dos três líderes tinha? E quanto relativo a este carisma precisou ser desenvolvido?

5. Quanto de carisma natural você considera ter? Que nota você daria a si mesmo neste quesito em uma escala de um a dez?

6. O que você tem feito para se tornar mais carismático e simpático? Você tem conseguido ampliar sua atratividade pessoal ao mesmo tempo que mantém um padrão elevado de comportamento, sem fazer concessões? Explique.

7. Que ação você acredita poder tomar para aumentar seu carisma? Quando e como pretende adotá-la?

LIÇÃO 3

COMPROMETIMENTO
A DIFERENÇA ENTRE REALIZADORES E SONHADORES

A QUALIDADE DEFINIDA

Nunca houve no mundo um grande líder que não tivesse comprometimento. Isso porque o comprometimento verdadeiro inspira e atrai as pessoas. Os liderados precisam ter a certeza de que podem contar com seu comandante, e o comprometimento transmite esta mensagem.

Uma grande dose de comprometimento sempre precede grandes conquistas. Mas muitos desejam que todas as condições se apresentem de forma perfeita para que possam se comprometer com qualquer iniciativa ou empreitada. Este modelo mental leva automaticamente à derrota, porque uma tentativa hesitante raramente se revela bem-sucedida. Os passos necessários são comprometimento, ação e conquista. Em se tratando de comprometimento, existem apenas quatro tipos de pessoas:

1. Alienadas: pessoas que não têm objetivos e não se comprometem;

2. Amedrontadas: pessoas que não se sentem seguras para atingir seus objetivos e têm medo de se comprometer;

3. Desistentes: pessoas que começam a buscar um objetivo, mas desistem quando a empreitada se torna trabalhosa; e

4. Destemidos: aqueles que estabelecem objetivos, se comprometem em alcançá-los e pagam o preço que for necessário para chegar lá.

Para aumentar seu nível de comprometimento, primeiramente é importante avaliar onde ele se encontra neste exato momento. Às vezes acreditamos estar comprometidos com alguma causa – enquanto nossas ações nos desmentem. Tome posse do calendário, de sua lista de prioridades e de seu extrato bancário. Determine como você emprega o seu tempo e o seu dinheiro. Comprometimento normalmente é uma questão de "investir o seu dinheiro de acordo com o que você fala". Se suas palavras e ações não estiverem de acordo, ninguém se convencerá de que você está comprometido, não importa a causa. E falando sobre causa, dedique seu tempo para determinar o que existe de mais valor para você. Outra forma de colocar a mesma questão: saiba pelo que você estaria disposto a morrer. Se chegasse a este ponto de ter de escolher, o que você nunca conseguiria deixar de fazer na vida, não importa quais seriam as consequências?

Embora o comprometimento só possa ser avaliado de verdade com base em ações, as palavras de comprometimento na boca de um líder ainda são importantes. Elas não apenas comunicam a sua disposição e instigam as pessoas a confiar em você: elas também proporcionam a motivação necessária para seguir adiante pelo fato de o comprometimento ter sido explicitado publicamente. Se dar o primeiro passo na direção do comprometimento se revelar algo dificultoso, tente seguir o exemplo de Thomas Edison. Quando ele tinha ideia de uma invenção, ele convocava uma reunião com a imprensa para anunciá-la. A partir deste momento, ele se trancafiava no laboratório até fazê-la virar realidade.

Uma liderança apática produz um conjunto apático de liderados. Se quiser que seu time lute pela vitória, você precisa estar disposto a carregar o piano, a fazer o trabalho pesado.

Estudos de caso

Leia esses estudos de caso da Bíblia e responda às perguntas a seguir.

1 Rute: a bisavó do rei Davi

Rute 1:3-22

[3] Morreu Elimeleque, marido de Noemi, e ela ficou sozinha, com seus dois filhos. [4] Eles se casaram com mulheres moabitas, uma chamada Orfa e a

LIÇÃO 3: COMPROMETIMENTO

outra Rute. Depois de terem morado lá por quase dez anos, [5] morreram também Malom e Quiliom, e Noemi ficou sozinha, sem os seus dois filhos e sem o seu marido.

[6] Quando Noemi soube em Moabe que o Senhor viera em auxílio do seu povo, dando-lhe alimento, decidiu voltar com suas duas noras para a sua terra. [7] Assim, ela, com as duas noras, partiu do lugar onde tinha morado.

Enquanto voltavam para a terra de Judá, [8] disse-lhes Noemi: "Vão! Retornem para a casa de suas mães! Que o Senhor seja leal com vocês, como vocês foram leais com os falecidos e comigo. [9] O Senhor conceda que cada uma de vocês encontre segurança no lar doutro marido".

Então deu-lhes beijos de despedida. Mas elas começaram a chorar alto [10] e lhe disseram:

"Não! Voltaremos com você para junto de seu povo!"

[11] Disse, porém, Noemi: "Voltem, minhas filhas! Por que viriam comigo? Poderia eu ainda ter filhos, que viessem a ser seus maridos? [12] Voltem, minhas filhas! Vão! Estou velha demais para ter outro marido. E mesmo que eu pensasse que ainda há esperança para mim – ainda que eu me casasse esta noite e depois desse à luz filhos, [13] iriam vocês esperar até que eles crescessem? Ficariam sem se casar à espera deles? De jeito nenhum, minhas filhas! Para mim é mais amargo do que para vocês, pois a mão do Senhor voltou-se contra mim!"

[14] Elas, então, começaram a chorar alto de novo. Depois Orfa deu um beijo de despedida em sua sogra, mas Rute ficou com ela.

[15] Então Noemi a aconselhou: "Veja, sua concunhada está voltando para o seu povo e para o seu deus. Volte com ela!"

[16] Rute, porém, respondeu: "Não insistas comigo que te deixe e que não mais te acompanhe. Aonde fores irei, onde ficares ficarei! O teu povo será o meu povo e o teu Deus será o meu Deus! [17] Onde morreres morrerei, e ali serei sepultada. Que o Senhor me castigue com todo o rigor, se outra coisa que não a morte me separar de ti!" [18] Quando Noemi viu que Rute estava de fato decidida a acompanhá-la, não insistiu mais.

[19] Prosseguiram, pois, as duas até Belém. Ali chegando, todo o povoado ficou alvoroçado por causa delas. "Será que é Noemi?", perguntavam as mulheres.

[20] Mas ela respondeu: "Não me chamem Noemi, melhor que me chamem de Mara,

pois o Todo-poderoso tornou minha vida muito amarga! [21] De mãos cheias eu parti,

mas de mãos vazias o Senhor me trouxe de volta. Por que me chamam Noemi? O Senhor colocou-se contra mim! O Todo-poderoso me trouxe desgraça!"
²² Foi assim que Noemi voltou das terras de Moabe, com sua nora Rute, a moabita. Elas chegaram a Belém no início da colheita da cevada.

Perguntas para estudo

1. Qual era a motivação de Noemi para querer enviar Orfa e Rute de volta para casa? Isso é sinônimo de boa ou má liderança?

---

2. Por que você acha que Orfa seguiu o conselho, e Rute não? Qual a razão de Rute ser devotada à sua sogra?

---

3. Reflita sobre a resposta de Rute a Noemi. Com base em suas palavras, quão profundo você diria que é o nível de comprometimento dela? Se Noemi tivesse ordenado que ela fosse embora, acredita que Rute teria obedecido? Explique.

LIÇÃO 3: COMPROMETIMENTO

2 Calebe e Josué se preparam para entrar na Terra Prometida

Números 14:1-24

[1] *Naquela noite toda a comunidade começou a chorar em alta voz.*
[2] *Todos os israelitas queixaram-se contra Moisés e contra Arão, e toda a comunidade lhes disse: "Quem dera tivéssemos morrido no Egito! Ou neste deserto!* [3] *Por que o Senhor está nos trazendo para esta terra? Só para nos deixar cair à espada? Nossas mulheres e nossos filhos serão tomados como despojo de guerra. Não seria melhor voltar para o Egito?"* [4] *E disseram uns aos outros: "Escolheremos um chefe e voltaremos para o Egito!"*

[5] *Então Moisés e Arão prostraram-se, rosto em terra, diante de toda a assembleia dos israelitas.* [6] *Josué, filho de Num, e Calebe, filho de Jefoné, dentre os que haviam observado a terra, rasgaram as suas vestes* [7] *e disseram a toda a comunidade dos israelitas: "A terra que percorremos em missão de reconhecimento é excelente.* [8] *Se o Senhor se agradar de nós, ele nos fará entrar nessa terra, onde manam leite e mel, e a dará a nós.* [9] *Somente não sejam rebeldes contra o Senhor. E não tenham medo do povo da terra, porque nós os devoraremos como se fossem pão. A proteção deles se foi, mas o Senhor está conosco. Não tenham medo deles!"*

[10] *Mas a comunidade toda falou em apedrejá-los. Então a glória do Senhor apareceu a todos os israelitas na Tenda do Encontro.* [11] *E o Senhor disse a Moisés: "Até quando este povo me tratará com pouco caso? Até quando se recusará a crer em mim, apesar de todos os sinais que realizei entre eles?* [12] *Eu os ferirei com praga e os destruirei, mas farei de você uma nação maior e mais forte do que eles".*

[13] *Moisés disse ao Senhor: "Então os egípcios ouvirão que pelo teu poder fizeste este povo sair dentre eles,* [14] *e falarão disso aos habitantes desta terra. Eles ouviram que tu, ó Senhor, estás com este povo e que te veem face a face, Senhor, e que a tua nuvem paira sobre eles, e que vais adiante deles numa coluna de nuvem de dia e numa coluna de fogo de noite.* [15] *Se exterminares este povo, as nações que ouvirem falar do que fizeste dirão:* [16] *'O Senhor não conseguiu levar esse povo à terra que lhes prometeu em juramento; por isso os matou no deserto'."*

[17] *"Mas agora, que a força do Senhor se manifeste, segundo prometeste:* [18] *'O Senhor é muito paciente e grande em fidelidade, e perdoa a iniquidade*

e a rebelião, se bem que não deixa o pecado sem punição, e castiga os filhos pela iniquidade dos pais até a terceira e quarta geração'. ¹⁹ Segundo a tua grande fidelidade, perdoa a iniquidade deste povo, como a este povo tens perdoado desde que saíram do Egito até agora."

²⁰ O Senhor respondeu: "Eu o perdoei, conforme você pediu. ²¹ No entanto, juro pela glória do Senhor que enche toda a terra, ²² que nenhum dos que viram a minha glória e os sinais miraculosos que realizei no Egito e no deserto, e me puseram à prova e me desobedeceram dez vezes – ²³ nenhum deles chegará a ver a terra que prometi com juramento aos seus antepassados. Ninguém que me tratou com desprezo a verá. ²⁴ Mas, como o meu servo Calebe tem outro espírito e me segue com integridade, eu o farei entrar na terra que foi observar, e seus descendentes a herdarão.

Josué 14:6-15

⁶ Os homens de Judá vieram a Josué em Gilgal, e Calebe, filho do quenezeu Jefoné, lhe disse: "Você sabe o que o Senhor disse a Moisés, homem de Deus, em Cades-Barnéia, sobre mim e sobre você. ⁷ Eu tinha quarenta anos quando Moisés, servo do Senhor, enviou-me de Cades-Barnéia para espionar a terra. Eu lhe dei um relatório digno de confiança, ⁸ mas os meus irmãos israelitas que foram comigo fizeram o povo desanimar-se de medo. Eu, porém, fui inteiramente fiel ao Senhor, o meu Deus. ⁹ Por isso naquele dia Moisés me jurou: 'Certamente a terra em que você pisou será uma herança perpétua para você e para os seus descendentes, porquanto você foi inteiramente fiel ao Senhor, o meu Deus'."

¹⁰ "Pois bem, o Senhor manteve-me vivo, como prometeu. E foi há quarenta e cinco anos que ele disse isso a Moisés, quando Israel caminhava pelo deserto. Por isso aqui estou hoje, com oitenta e cinco anos de idade! ¹¹ Ainda estou tão forte como no dia em que Moisés me enviou; tenho agora tanto vigor para ir à guerra como tinha naquela época. ¹² Dê-me, pois, a região montanhosa que naquela ocasião o Senhor me prometeu. Na época, você ficou sabendo que os enaquins lá viviam com suas cidades grandes e fortificadas; mas, se o Senhor estiver comigo, eu os expulsarei de lá, como ele prometeu."

¹³ Então Josué abençoou Calebe, filho de Jefoné, e lhe deu Hebrom por herança. ¹⁴ Por isso, até hoje, Hebrom pertence aos descendentes de Calebe, filho do quenezeu Jefoné, pois ele foi inteiramente fiel ao Senhor,

LIÇÃO 3: COMPROMETIMENTO

o Deus de Israel. [15] *Hebrom era chamada Quiriate-Arba, em homenagem a Arba, o maior dos enaquins.*

E a terra teve descanso da guerra.

Perguntas para estudo

1. O que distinguia Josué e Calebe do restante dos israelitas? Josué e Calebe não tinham medo? Faltava fé aos demais? Fundamente seu ponto de vista.

   _____

   _____

   _____

   _____

2. Qual a importância da convicção para o comprometimento?

   _____

   _____

   _____

   _____

3. O que teria acontecido aos israelitas se eles não tivessem se rebelado contra Deus?

   _____

   _____

   _____

   _____

4. Qual foi a recompensa de Calebe por seu comprometimento incondicional? E a de Josué? O que você acredita que Deus promete àqueles que são comprometidos com ele e que o seguem de todo coração?

   _____

   _____

   _____

   _____

   _____

3 Estêvão paga um preço pelo comprometimento

Atos 6:8-15

[8] *Estêvão, homem cheio da graça e do poder de Deus, realizava grandes maravilhas e sinais entre o povo.* [9] *Contudo, levantou-se oposição dos membros da chamada sinagoga dos Libertos, dos judeus de Cirene e de Alexandria, bem como das províncias da Cilícia e da Ásia. Esses homens começaram a discutir com Estêvão,* [10] *mas não podiam resistir à sabedoria e ao Espírito com que ele falava.*

[11] *Então subornaram alguns homens para dizerem: "Ouvimos Estêvão falar palavras blasfemas contra Moisés e contra Deus".*

[12] *Com isso agitaram o povo, os líderes religiosos e os mestres da lei. E, prendendo Estêvão, levaram-no ao Sinédrio.* [13] *Ali apresentaram falsas testemunhas que diziam: "Este homem não para de falar contra este lugar santo e contra a Lei.* [14] *Pois o ouvimos dizer que esse Jesus, o Nazareno, destruirá este lugar e mudará os costumes que Moisés nos deixou".*

[15] *Olhando para ele, todos os que estavam sentados no Sinédrio viram que o seu rosto parecia o rosto de um anjo.*

Atos 7:1-4, 8-10, 17-25, 29-39, 44-60

[1] *Então o sumo sacerdote perguntou a Estêvão: "São verdadeiras estas acusações?"*

[2] *A isso ele respondeu: "Irmãos e pais, ouçam-me! O Deus glorioso apareceu a Abraão, nosso pai, estando ele ainda na Mesopotâmia, antes de morar em Harã, e lhe disse:* [3] *'Saia da sua terra e do meio dos seus parentes e vá para a terra que eu lhe mostrarei'."*

[4] *"Então ele saiu da terra dos caldeus e se estabeleceu em Harã....* [8] *E deu a Abraão a aliança da circuncisão. Por isso, Abraão gerou Isaque e o circuncidou oito dias depois do seu nascimento. Mais tarde, Isaque gerou Jacó, e este os doze patriarcas."*

[9] *"Os patriarcas, tendo inveja de José, venderam-no como escravo para o Egito. Mas Deus estava com ele* [10] *e o libertou de todas as suas tribulações, dando a José favor e sabedoria diante do faraó, rei do Egito; este o tornou governador do Egito e de todo o seu palácio..."*

LIÇÃO 3: COMPROMETIMENTO

[17] *"Ao se aproximar o tempo em que Deus cumpriria sua promessa a Abraão, aumentou muito o número do nosso povo no Egito. [18] Então outro rei, que nada sabia a respeito de José, passou a governar o Egito. [19] Ele agiu traiçoeiramente para com o nosso povo e oprimiu os nossos antepassados, obrigando-os a abandonar os seus recém-nascidos, para que não sobrevivessem."*

[20] *"Naquele tempo nasceu Moisés, que era um menino extraordinário. Por três meses ele foi criado na casa de seu pai. [21] Quando foi abandonado, a filha do faraó o tomou e o criou como seu próprio filho. [22] Moisés foi educado em toda a sabedoria dos egípcios e veio a ser poderoso em palavras e obras."*

[23] *"Ao completar quarenta anos, Moisés decidiu visitar seus irmãos israelitas. [24] Ao ver um deles sendo maltratado por um egípcio, saiu em defesa do oprimido e o vingou, matando o egípcio. [25] Ele pensava que seus irmãos compreenderiam que Deus o estava usando para salvá-los, mas eles não o compreenderam..."*

[29] *Ouvindo isso, Moisés fugiu para Midiã, onde ficou morando como estrangeiro e teve dois filhos.*

[30] *"Passados quarenta anos, apareceu a Moisés um anjo nas labaredas de uma sarça em chamas no deserto, perto do monte Sinai. [31] Vendo aquilo, ficou atônito. E, aproximando-se para observar, ouviu a voz do Senhor: [32] 'Eu sou o Deus dos seus antepassados, o Deus de Abraão, o Deus de Isaque e o Deus de Jacó'. Moisés, tremendo de medo, não ousava olhar."*

[33] *"Então o Senhor lhe disse: 'Tire as sandálias dos pés, porque o lugar em que você está é terra santa. [34] De fato tenho visto a opressão sobre o meu povo no Egito. Ouvi seus gemidos e desci para livrá-lo. Venha agora, e eu o enviarei de volta ao Egito'."*

[35] *"Este é o mesmo Moisés que tinham rejeitado com estas palavras: 'Quem o nomeou líder e juiz?' Ele foi enviado pelo próprio Deus para ser líder e libertador deles, por meio do anjo que lhe tinha aparecido na sarça. [36] Ele os tirou de lá, fazendo maravilhas e sinais no Egito, no mar Vermelho e no deserto durante quarenta anos."*

[37] *"Este é aquele Moisés que disse aos israelitas: 'Deus lhes levantará dentre seus irmãos um profeta como eu'. [38] Ele estava na congregação, no deserto, com o anjo que lhe falava no monte Sinai e com os nossos antepassados, e recebeu palavras vivas, para transmiti-las a nós."*

39 *"Mas nossos antepassados se recusaram a obedecer-lhe; ao contrário, rejeitaram-no, e em seu coração voltaram para o Egito...."*

44 *"No deserto os nossos antepassados tinham o tabernáculo da aliança, que fora feito segundo a ordem de Deus a Moisés, de acordo com o modelo que ele tinha visto.* *45* *Tendo recebido o tabernáculo, nossos antepassados o levaram, sob a liderança de Josué, quando tomaram a terra das nações que Deus expulsou de diante deles. Esse tabernáculo permaneceu nesta terra até a época de Davi,* *46* *que encontrou graça diante de Deus e pediu que ele lhe permitisse providenciar uma habitação para o Deus de Jacó.* *47* *Mas foi Salomão quem lhe construiu a casa.* *48* *Todavia, o Altíssimo não habita em casas feitas por homens. Como diz o profeta:*

49 *'O céu é o meu trono, e a terra, o estrado dos meus pés. Que espécie de casa vocês me edificarão? diz o Senhor, ou, onde seria meu lugar de descanso?* *50* *Não foram as minhas mãos que fizeram todas estas coisas?'* *51* *'Povo rebelde, obstinado de coração e de ouvidos! Vocês são iguais aos seus antepassados: sempre resistem ao Espírito Santo!* *52* *Qual dos profetas os seus antepassados não perseguiram? Eles mataram aqueles que prediziam a vinda do Justo, de quem agora vocês se tornaram traidores e assassinos –* *53* *vocês, que receberam a Lei por intermédio de anjos, mas não lhe obedeceram'."*

54 *Ouvindo isso, ficaram furiosos e rangeram os dentes contra ele.* *55* *Mas Estêvão, cheio do Espírito Santo, levantou os olhos para o céu e viu a glória de Deus, e Jesus em pé, à direita de Deus,* *56* *e disse: "Vejo os céus abertos e o Filho do homem em pé, à direita de Deus".*

57 *Mas eles taparam os ouvidos e, dando fortes gritos, lançaram-se todos juntos contra ele,* *58* *arrastaram-no para fora da cidade e começaram a apedrejá-lo. As testemunhas deixaram seus mantos aos pés de um jovem chamado Saulo.*

59 *Enquanto apedrejavam Estêvão, este orava: "Senhor Jesus, recebe o meu espírito".* *60* *Então caiu de joelhos e bradou: "Senhor, não os consideres culpados deste pecado". E, tendo dito isso, adormeceu.*

LIÇÃO 3: COMPROMETIMENTO

Perguntas para estudo

1. Por que você acha que Estêvão sintetizou a história de Israel — de Moisés até a construção do Templo de Salomão — enquanto lidava com o povo?

2. Onde você acha que Estêvão estava querendo chegar quando criticou os membros do Sinédrio?

3. Acredita-se que Estêvão seja o primeiro mártir cristão. Você acha que ele esperava ser apedrejado até a morte por conta do que ele falou? Acredita que suas palavras poderiam ter conduzido a um desfecho diferente? Isso o teria impedido de falar o que pensava? Explique.

Reflexão e *INSIGHTS* de liderança

Pense sobre os muitos fatores que devem ter sido levados em consideração para o comprometimento das pessoas nas três passagens: lealdade, responsabilidade, convicção, paixão, propósito, fé, coragem e disciplina. Quais teriam sido os fatores predominantes para cada líder?

Rute: _____

Calebe: _____

Josué: _____

Estêvão: _____

Quais fatores você pessoalmente leva mais em consideração em se tratando de comprometimento? Como eles te influenciam?

_____

_____

_____

_____

_____

Quais fatores evitam que você atinja um nível máximo de comprometimento?

_____

_____

_____

_____

_____

Como a falta de comprometimento, por mínima que seja, coloca em xeque sua liderança e o seu sucesso?

_____

_____

_____

_____

_____

LIÇÃO 3: COMPROMETIMENTO

PARTINDO PARA AÇÃO

Em que aspecto de sua vida Deus está te convidando a alcançar um nível mais elevado de comprometimento?

_____
_____
_____
_____
_____
_____
_____
_____
_____

O que você precisa superar para aumentar o seu comprometimento? O que você precisa desenvolver?

_____
_____
_____
_____
_____
_____
_____
_____

Descreva que ação você colocará em marcha e quando começará.

_____
_____
_____
_____
_____
_____
_____
_____

Perguntas para discussão em grupo

1. Se estivesse na situação de Noemi, você teria pedido às suas noras para te acompanharem à sua terra natal, ou as teria estimulado a voltar às respectivas famílias e tentar encontrar novos maridos? Explique sua resposta.

2. Qual foi o principal motivo para a recusa dos israelitas em seguir até a Terra Prometida? Tratou-se de uma deficiência relacionada à habilidade, coragem, fé, liderança, ou algo mais? Explique.

3. Você acha que Moisés, Josué e Calebe poderiam ter forçado os israelitas a cruzar a fronteira rumo à Terra Prometida? O que acha que teria acontecido se eles tivessem tentado?

4. Qual foi sua reação quando leu que Calebe era tão forte e preparado para a batalha aos 85 anos de idade quanto ele tinha sido aos 40? A que você atribui tal habilidade?

5. Estêvão enfrentou oposição ao comprometimento de seguir a Cristo. Você já foi criticado, perseguido ou teve de enfrentar oposição por causa da fé? Se sim, o que aconteceu? Como você lidou com a situação?

6. Com qual pessoa ou pessoas das passagens bíblicas você mais se identificou: Noemi, Rute, Orfa, Moisés, Josué, Calebe ou Estêvão? Fundamente sua escolha.

7. De que maneira você acredita que Deus esteja te admoestando para que haja uma mudança em sua maneira de comprometer-se como líder? O que você pretende fazer, como fará e quando começará?

LIÇÃO 4

COMUNICAÇÃO
Sem Ela Você Caminha Sozinho

A QUALIDADE DEFINIDA

Eficiência na comunicação é algo fundamental para qualquer tipo de relacionamento – seja com o cônjuge, chefe, amigo, funcionário ou colega. Nós a utilizamos para expressar ideias, desejos e sentimentos. A forma como a comunicação se dá pode tanto atrair pessoas em prol de algo comum ou distanciá-las. Sem comunicação é impossível interagir com as outras pessoas. E aqueles que não interagem caminham pela vida de forma solitária. Essa constatação assume contornos dramáticos em se tratando de liderança.

Você provavelmente conhece aquele velho ditado: "Aquele que pensa que lidera, mas que não possui nenhum seguidor, está apenas dando uma voltinha sem compromisso". Todo líder precisa ter capacidade de comunicação, porque a liderança só se realiza quando influenciamos outras pessoas a nos seguir. Ninguém o seguirá se você não conseguir demonstrar qual o seu desejo e aonde quer chegar.

A boa comunicação aplicada à liderança é clara, confiável e convincente. Para se aperfeiçoar nesta área, é importante ser o mais claro possível sobre a sua mensagem e expressá-la da maneira mais simples que você conseguir. Não procure impressionar com palavras difíceis e frases complexas. Em vez disso, dedique-se a transmitir a sua mensagem com palavras objetivas.

Comunicadores eficientes conhecem e entendem o público ao qual se dirigem e são capazes de colocá-lo em um patamar de importância superior a si mesmos. Na medida em que se comunica com os outros – seja indivíduos ou grupos – pergunte a si mesmo: Quem é o meu público? Que pergunta meu público gostaria de ter respondida? O que precisa ser abordado? E de quanto tempo eu disponho? As pessoas acreditam nos grandes comunicadores porque os grandes comunicadores acreditam nas pessoas.

Credibilidade também é algo necessário para uma boa comunicação. Os liderados precisam ter a certeza de que você acredita no que está falando, e de que suas ações estão de acordo com suas palavras. Não existe credibilidade maior do que a convicção em ação. Por fim, lembre-se de que o objetivo primordial da comunicação é a ação. Se simplesmente descarregar um caminhão de informações sobre os outros, você não está comunicando. Toda vez que você falar com as pessoas, proporcione a elas algum sentimento, alguma lembrança, algo para fazer. Se for bem-sucedido nisso, sua capacidade de liderança saltará para um nível sem precedentes.

Estudos de caso

Leia esses estudos de caso da Bíblia e responda às perguntas a seguir.

1 O decreto de Dario

Esdras 6:1-18

¹ *O rei Dario mandou então fazer uma pesquisa nos arquivos da Babilônia, que estavam nos locais em que se guardavam os tesouros.* ² *Encontrou-se um rolo na cidadela de Ecbatana, na província da Média, e nele estava escrito o seguinte, que Dario comunicou:*

³ *"No primeiro ano do seu reinado, o rei Ciro promulgou um decreto acerca do templo de Deus em Jerusalém, nestes termos:*

'Que o templo seja reconstruído como local destinado à apresentação de sacrifícios, e que se lancem os seus alicerces. Ele terá vinte e sete metros de altura e vinte e sete metros de largura, ⁴ *com três carreiras de pedras grandes e uma carreira de madeira. O custo será pago pela tesouraria do rei.* ⁵ *E os utensílios de ouro e de prata da casa de Deus, que Nabucodonosor tirou do templo de Jerusalém e trouxe para a Babilônia, serão devolvidos aos seus lugares no templo de Jerusalém; devem ser colocados na casa de Deus'."*

LIÇÃO 4: COMUNICAÇÃO

6 "Agora, então, Tatenai, governador do território situado a oeste do Eufrates, e Setar-Bozenai, e vocês, oficiais dessa província e amigos deles, mantenham-se afastados de lá. 7 Não interfiram na obra que se faz nesse templo de Deus. Deixem o governador e os líderes dos judeus reconstruírem esse templo de Deus em seu antigo local."

8 "Além disso, promulgo o seguinte decreto a respeito do que vocês farão por esses líderes dos judeus na construção desse templo de Deus:

'As despesas desses homens serão integralmente pagas pela tesouraria do rei, do tributo recebido do território a oeste do Eufrates, para que a obra não pare. 9 E o que for necessário: novilhos, carneiros, cordeiros para os holocaustos oferecidos ao Deus dos céus, e trigo, sal, vinho e azeite, conforme for solicitado pelos sacerdotes em Jerusalém, tudo deverá ser entregue diariamente a eles, sem falta, 10 para que ofereçam sacrifícios agradáveis ao Deus dos céus e orem pelo bem-estar do rei e dos seus filhos'."

11 "Além disso, determino que, se alguém alterar este decreto, atravessem-lhe o corpo com uma viga tirada de sua casa e deixem-no empalado. E seja a sua casa transformada num monte de entulho. 12 E que Deus, que fez o seu nome ali habitar, derrube qualquer rei ou povo que estender a mão para mudar este decreto ou para destruir esse templo de Jerusalém."

"Eu, Dario, o decretei. Que seja plenamente executado."

13 Tendo recebido o decreto do rei Dario, Tatenai, governador do território situado a oeste do Eufrates, Setar-Bozenai e os companheiros deles o cumpriram plenamente. 14 Dessa maneira, os líderes dos judeus continuaram a construir e a prosperar, encorajados pela pregação dos profetas Ageu e Zacarias, descendente de Ido. Eles terminaram a reconstrução do templo conforme a ordem do Deus de Israel e os decretos de Ciro, de Dario e de Artaxerxes, reis da Pérsia. 15 O templo foi concluído no terceiro dia do mês de adar, no sexto ano do reinado do rei Dario.

16 Então o povo de Israel, os sacerdotes, os levitas e o restante dos exilados, celebraram com alegria a dedicação do templo de Deus. 17 Para a dedicação do templo de Deus ofereceram cem touros, duzentos carneiros, quatrocentos cordeiros e, como oferta pelo pecado de todo o Israel, doze bodes, de acordo com o número das tribos de Israel. 18 E organizaram os sacerdotes em suas divisões e os levitas em seus grupos para o serviço de Deus em Jerusalém, conforme o que está escrito no Livro de Moisés.

53

21 QUALIDADES DE LÍDERES DA BÍBLIA

Perguntas para estudo

1. Você consideraria o decreto de Dario claro, confiável e convincente? Releia a passagem e cite exemplos que retratem essas qualidades.

   _____

   _____

   _____

   _____

2. Você acredita que Dario conhecia e compreendia seu público? Quem era o seu público e como Dario formatou sua comunicação para ele?

   _____

   _____

   _____

   _____

3. Qual era o objetivo da comunicação de Dario? Deu certo? Explique.

   _____

   _____

   _____

   _____

2 Jesus estabelece clareza na comunicação

Mateus 22:23-40

[23] *Naquele mesmo dia, os saduceus, que dizem que não há ressurreição, aproximaram-se dele com a seguinte questão:* [24] *"Mestre, Moisés disse que se um homem morrer sem deixar filhos, seu irmão deverá casar-se com a viúva e dar-lhe descendência.* [25] *Entre nós havia sete irmãos. O primeiro casou-se e morreu. Como não teve filhos, deixou a mulher para seu irmão.* [26] *A mesma coisa aconteceu com o segundo, com o terceiro, até o sétimo.* [27] *Finalmente, depois de todos, morreu a mulher.* [28] *Pois bem, na ressurreição, de qual dos sete ela será esposa, visto que todos foram casados com ela?"*

LIÇÃO 4: COMUNICAÇÃO

²⁹ Jesus respondeu: "Vocês estão enganados porque não conhecem as Escrituras nem o poder de Deus! ³⁰ Na ressurreição, as pessoas não se casam nem são dadas em casamento; mas são como os anjos no céu. ³¹ E quanto à ressurreição dos mortos, vocês não leram o que Deus lhes disse: ³² 'Eu sou o Deus de Abraão, o Deus de Isaque e o Deus de Jacó'? Ele não é Deus de mortos, mas de vivos!"

³³ Ouvindo isso, a multidão ficou admirada com o seu ensino.

³⁴ Ao ouvirem dizer que Jesus havia deixado os saduceus sem resposta, os fariseus se reuniram. ³⁵ Um deles, perito na lei, o pôs à prova com esta pergunta: ³⁶ "Mestre, qual é o maior mandamento da Lei?".

³⁷ Respondeu Jesus: "'Ame o Senhor, o seu Deus de todo o seu coração, de toda a sua alma e de todo o seu entendimento'. ³⁸ Este é o primeiro e maior mandamento. ³⁹ E o segundo é semelhante a ele: 'Ame o seu próximo como a si mesmo'. ⁴⁰ Destes dois mandamentos dependem toda a Lei e os Profetas".

Perguntas para estudo

1. Qual era a motivação dos saduceus e fariseus para questionar Jesus?

_____

_____

_____

_____

_____

2. Os saduceus, especialistas na Lei, foram silenciados pela resposta de Jesus no tocante à ressurreição. Já as multidões, formadas por pessoas comuns, ficaram impressionadas pelo ensinamento de Jesus. Levando em conta as reações desses dois grupos, quais observações é possível fazer sobre as habilidades de comunicação de Jesus?

_____

_____

_____

_____

21 QUALIDADES DE LÍDERES DA BÍBLIA

3. Quando Jesus disse "destes dois mandamentos dependem toda a Lei e os Profetas" (v. 40), o que ele estava querendo dizer?

_____
_____
_____
_____
_____
_____

4. Na sua opinião, qual era o objetivo de Jesus quando ele respondia aos saduceus e fariseus?

_____
_____
_____
_____
_____

3 Paulo defende sua causa

Atos 26:1-32

[1] *Então Agripa disse a Paulo: "Você tem permissão para falar em sua defesa".*

A seguir, Paulo fez sinal com a mão e começou a sua defesa: [2] *"Rei Agripa, considero-me feliz por poder estar hoje em tua presença, para fazer a minha defesa contra todas as acusações dos judeus,* [3] *e especialmente porque estás bem familiarizado com todos os costumes e controvérsias deles. Portanto, peço que me ouças pacientemente.*

[4] *"Todos os judeus sabem como tenho vivido desde pequeno, tanto em minha terra natal como em Jerusalém.* [5] *Eles me conhecem há muito tempo e podem testemunhar, se quiserem, que, como fariseu, vivi de acordo com a seita mais severa da nossa religião.* [6] *Agora, estou sendo julgado por causa da minha esperança no que Deus prometeu aos nossos antepassados.* [7] *Esta é a promessa que as nossas doze tribos esperam que*

LIÇÃO 4: COMUNICAÇÃO

se cumpra, cultuando a Deus com fervor, dia e noite. É por causa desta esperança, ó rei, que estou sendo acusado pelos judeus. [8] Por que os senhores acham impossível que Deus ressuscite os mortos?"

[9] *"Eu também estava convencido de que deveria fazer todo o possível para me opor ao nome de Jesus, o Nazareno. [10] E foi exatamente isso que fiz em Jerusalém. Com autorização dos chefes dos sacerdotes lancei muitos santos na prisão, e quando eles eram condenados à morte eu dava o meu voto contra eles. [11] Muitas vezes ia de uma sinagoga para outra a fim de castigá-los, e tentava forçá-los a blasfemar. Em minha fúria contra eles, cheguei a ir a cidades estrangeiras para persegui-los.*

[12] *"Numa dessas viagens eu estava indo para Damasco, com autorização e permissão dos chefes dos sacerdotes. [13] Por volta do meio-dia, ó rei, estando eu a caminho, vi uma luz do céu, mais resplandecente que o sol, brilhando ao meu redor e ao redor dos que iam comigo. [14] Todos caímos por terra. Então ouvi uma voz que me dizia em aramaico: 'Saulo, Saulo, por que você está me perseguindo? Resistir ao aguilhão só lhe trará dor!'"*

[15] *"Então perguntei: Quem és tu, Senhor?*

"Respondeu o Senhor: 'Sou Jesus, a quem você está perseguindo. [16] Agora, levante-se, fique em pé. Eu lhe apareci para constituí-lo servo e testemunha do que você viu a meu respeito e do que lhe mostrarei. [17] Eu o livrarei do seu próprio povo e dos gentios, aos quais eu o envio [18] para abrir-lhes os olhos e convertê-los das trevas para a luz, e do poder de Satanás para Deus, a fim de que recebam o perdão dos pecados e herança entre os que são santificados pela fé em mim'."

[19] *"Assim, rei Agripa, não fui desobediente à visão celestial. [20] Preguei em primeiro lugar aos que estavam em Damasco, depois aos que estavam em Jerusalém e em toda a Judéia, e aos gentios, dizendo que se arrependessem e se voltassem para Deus, praticando obras que mostrassem o seu arrependimento. [21] Por isso os judeus me prenderam no pátio do templo e tentaram me matar. [22] Mas tenho contado com a ajuda de Deus até o dia de hoje, e, por este motivo, estou aqui e dou testemunho tanto a gente simples como a gente importante. Não estou dizendo nada além do que os profetas e Moisés disseram que haveria de acontecer: [23] que o Cristo haveria de sofrer e, sendo o primeiro a ressuscitar dentre os mortos, proclamaria luz para o seu próprio povo e para os gentios."*

[24] *A esta altura Festo interrompeu a defesa de Paulo e disse em alta voz: "Você está louco, Paulo! As muitas letras o estão levando à loucura!".*

[25] Respondeu Paulo: "Não estou louco, excelentíssimo Festo. O que estou dizendo é verdadeiro e de bom senso. [26] O rei está familiarizado com essas coisas, e lhe posso falar abertamente. Estou certo de que nada disso escapou do seu conhecimento, pois nada se passou num lugar qualquer. [27] Rei Agripa, crês nos profetas? Eu sei que sim".

[28] Então Agripa disse a Paulo: "Você acha que em tão pouco tempo pode convencer-me a tornar-me cristão?".

[29] Paulo respondeu: "Em pouco ou em muito tempo, peço a Deus que não apenas tu, mas todos os que hoje me ouvem se tornem como eu, porém sem estas algemas".

[30] O rei se levantou, e com ele o governador e Berenice, como também os que estavam assentados com eles. [31] Saindo do salão, comentavam entre si: "Este homem não fez nada que mereça morte ou prisão".

[32] Agripa disse a Festo: "Ele poderia ser posto em liberdade, se não tivesse apelado para César".

Perguntas para estudo

1. Qual foi a estratégia de comunicação de Paulo enquanto falava com Agripa, Festo e Berenice? É possível identificá-la ao analisar o que ele disse e a forma como disse?

   _____

   _____

   _____

   _____

   _____

   _____

2. Quais eram as motivações de Paulo para fazer sua defesa diante do rei Agripa?

   _____

   _____

   _____

LIÇÃO 4: COMUNICAÇÃO

3. Em quais aspectos Paulo foi bem-sucedido? E em quais aspectos ele falhou?

4. Qual é a relevância da afirmação de Agripa para Festo: "Ele poderia ser posto em liberdade, se não tivesse apelado para César" (v. 32)?

Reflexão e *INSIGHTS* de liderança

Qual o papel da autoridade na comunicação? Leia as três passagens bíblicas e verifique como essa questão foi aplicada por cada comunicador, bem como a origem da autoridade deles. Como seus interlocutores reagiram?

_____

_____

_____

_____

_____

_____

_____

_____

_____

_____

_____

Qual era a origem da eficiência deles? Quanto dessa eficiência veio do fato de possuírem autoridade, quanto era resultado de conhecerem o seu público e quanto se deveu por serem claros, confiáveis e convincentes?

_____

_____

_____

_____

_____

_____

_____

_____

_____

_____

_____

_____

LIÇÃO 4: COMUNICAÇÃO

PARTINDO PARA AÇÃO

Como você avalia sua comunicação quando assume o papel de líder?
Considera-se eficiente? Onde você deixa a desejar? Em que campo
o aprimoramento da autoridade se faz mais necessário para você:
compreensão sobre o público, clareza, credibilidade ou paixão?

O que é preciso mudar para melhorar sua comunicação e como você
pretende lidar com isso?

Perguntas para discussão em grupo

1. Quão cuidadosamente planejado e elaborado você acredita ter sido o decreto de Dario? Fundamente sua resposta.

2. Os saduceus e fariseus tentaram colocar Jesus em uma situação difícil, ainda que ele respondesse às perguntas deles de uma forma irretocável. Como você costuma responder quando tentam te colocar em uma situação semelhante?

3. O Novo Testamento contém exemplos da comunicação verbal de Paulo, tal como seu pronunciamento à Agripa, assim como muitas cartas escritas por ele. Até que ponto tais habilidades foram importantes para Paulo? Quais foram os impactos de tais habilidades?

4. Qual papel a comunicação desempenha na vida de um líder – seja escrita, na interação verbal com apenas um interlocutor ou dirigida ao público?

5. Que nota você daria a si mesmo como comunicador em uma escala de 1 (baixa) a 10 (alta)? Você se sai melhor falando ou escrevendo? Por quê?

6. Em qual aspecto você mais precisa melhorar como comunicador? De que maneira o crescimento nesta área te ajudaria como líder?

7. Qual atitude você poderia tomar agora mesmo de modo a melhorar visivelmente sua efetividade como comunicador? Qual ação você pretende tomar para começar a se aprimorar imediatamente?

LIÇÃO 5

COMPETÊNCIA

Se Você a Construir, os Resultados Virão

A QUALIDADE DEFINIDA

Competência vai além de palavras. Trata-se da habilidade de um líder para dizer, planejar e executar de tal maneira que as outras pessoas constatem que você sabe o que está fazendo e, assim, são inspiradas a segui-lo. Todos admiramos profissionais que demonstram alta competência, sejam artesãos habilidosos, atletas de classe mundial ou líderes empresariais de sucesso. Mas a verdade é que você não precisa ser Fabergé, LeBron James ou Bill Gates para arrebentar em sua área de competência.

Se quiser cultivar competência, a primeira atitude que você precisa ter é aparecer. Pessoas responsáveis aparecem quando se espera isso delas. Mas os muito competentes dão um passo além. Eles não se fazem presentes fisicamente apenas. Eles estão sempre prontos para dar o seu melhor todos os dias – não importa como se sintam, que tipo de circunstância estejam enfrentando ou quão difícil seja a situação. Pessoas altamente competentes estão sempre em busca de aprender, crescer e melhorar cada vez mais. Elas seguem adiante com excelência. E seguir adiante é sempre uma escolha, um ato da vontade. Como líderes, esperamos que as pessoas sigam em frente quando passamos a bola para elas. E elas esperam que façamos muito mais do que simplesmente tocar adiante.

Líderes altamente competentes realizam muito mais do que os outros esperam. Eles sempre excedem as expectativas e dão aquele gás a mais. Para eles, o bom nunca é o suficiente. Esse tipo de atitude inspira e motiva seus liderados a proceder da mesma maneira.

ESTUDOS DE CASO

Leia esses estudos de caso da Bíblia e responda às perguntas a seguir.

1 Abraão e Isaque: uma história de obediência

Genesis 22:1-18

¹ Passado algum tempo, Deus pôs Abraão à prova, dizendo-lhe: "Abraão!"
Ele respondeu: "Eis-me aqui".
² Então disse Deus: "Tome seu filho, seu único filho, Isaque, a quem você ama, e vá para a região de Moriá. Sacrifique-o ali como holocausto num dos montes que lhe indicarei".
³ Na manhã seguinte, Abraão levantou-se e preparou o seu jumento. Levou consigo dois de seus servos e Isaque, seu filho. Depois de cortar lenha para o holocausto, partiu em direção ao lugar que Deus lhe havia indicado. ⁴ No terceiro dia de viagem, Abraão olhou e viu o lugar ao longe. ⁵ Disse ele a seus servos: "Fiquem aqui com o jumento enquanto eu e o rapaz vamos até lá. Depois de adorarmos, voltaremos".
⁶ Abraão pegou a lenha para o holocausto e a colocou nos ombros de seu filho Isaque, e ele mesmo levou as brasas para o fogo, e a faca. E caminhando os dois juntos, ⁷ Isaque disse a seu pai Abraão: "Meu pai!"
"Sim, meu filho", respondeu Abraão.
Isaque perguntou: "As brasas e a lenha estão aqui, mas onde está o cordeiro para o holocausto?"
⁸ Respondeu Abraão: "Deus mesmo há de prover o cordeiro para o holocausto, meu filho". E os dois continuaram a caminhar juntos.
⁹ Quando chegaram ao lugar que Deus lhe havia indicado, Abraão construiu um altar e sobre ele arrumou a lenha. Amarrou seu filho Isaque e o colocou sobre o altar, em cima da lenha. ¹⁰ Então estendeu a mão e pegou a faca para sacrificar seu filho. ¹¹ Mas o Anjo do Senhor o chamou do céu: "Abraão! Abraão!"

LIÇÃO 5: COMPETÊNCIA

"Eis-me aqui", respondeu ele.

[12] *"Não toque no rapaz", disse o Anjo. "Não lhe faça nada. Agora sei que você teme a Deus, porque não me negou seu filho, o seu único filho".*

[13] *Abraão ergueu os olhos e viu um carneiro preso pelos chifres num arbusto. Foi lá pegá-lo, e o sacrificou como holocausto em lugar de seu filho.* [14] *Abraão deu àquele lugar o nome de "O Senhor Proverá". Por isso até hoje se diz: "No monte do Senhor se proverá".*

[15] *Pela segunda vez o Anjo do Senhor chamou do céu a Abraão* [16] *e disse: "Juro por mim mesmo", declara o Senhor, "que por ter feito o que fez, não me negando seu filho, o seu único filho,* [17] *esteja certo de que o abençoarei e farei seus descendentes tão numerosos como as estrelas do céu e como a areia das praias do mar. Sua descendência conquistará as cidades dos que lhe forem inimigos* [18] *e, por meio dela, todos os povos da terra serão abençoados, porque você me obedeceu".*

Perguntas para estudo

1. De que formas você considera que Abraão demonstrou competência? Mostre na passagem bíblica o indício encontrado.

   _____

   _____

   _____

   _____

   _____

2. Se Deus te pedisse para sacrificar alguém a quem você amasse ou algo que você valorizasse muito, você cumpriria a tarefa de forma tão competente quanto Abraão? Explique como imagina que lidaria com tal desafio.

   _____

   _____

   _____

   _____

   _____

3. Quais foram os traços de caráter predominantes e motivações que tornaram possível a Abraão agir com tal competência em uma situação tão estressante?

_____

_____

_____

_____

_____

_____

_____

_____

4. Que tipo de capacidade você aciona em si mesmo quando precisa demonstrar-se competente em situações adversas?

_____

_____

_____

_____

_____

_____

_____

2 Ezequias se torna rei de Judá

2Crônicas 29:1-11, 15-36

[1] *Ezequias tinha vinte e cinco anos de idade quando começou a reinar, e reinou vinte e nove anos em Jerusalém. O nome de sua mãe era Abia, filha de Zacarias.* [2] *Ele fez o que o Senhor aprova, tal como tinha feito Davi, seu predecessor.*

[3] *No primeiro mês do primeiro ano de seu reinado, ele reabriu as portas do templo do Senhor e as consertou.* [4] *Convocou os sacerdotes e os levitas, reuniu-os na praça que fica no lado leste* [5] *e disse: "Escutem-me, levitas! Consagrem-se agora e consagrem o templo do Senhor, o*

LIÇÃO 5: COMPETÊNCIA

Deus dos seus antepassados. Retirem tudo o que é impuro do santuário.
⁶ Nossos pais foram infiéis; fizeram o que o Senhor, o nosso Deus, reprova
e o abandonaram. Desviaram o rosto do local da habitação do Senhor e
deram-lhe as costas. ⁷ Também fecharam as portas do pórtico e apagaram
as lâmpadas. Não queimaram incenso nem apresentaram holocausto no
santuário para o Deus de Israel. ⁸ Por isso a ira do Senhor caiu sobre Judá
e sobre Jerusalém; e ele fez deles objeto de espanto, horror e zombaria,
conforme vocês podem ver com os seus próprios olhos. ⁹ Por isso os
nossos pais caíram à espada e os nossos filhos, as nossas filhas e as
nossas mulheres foram levados como prisioneiros. ¹⁰ Pretendo, pois, agora
fazer uma aliança com o Senhor, o Deus de Israel, para que o fogo da sua
ira se afaste de nós. ¹¹ Meus filhos, não sejam negligentes agora, pois o
Senhor os escolheu para estarem diante dele e o servirem, para ministrarem
perante ele e queimarem incenso”....

¹⁵ Tendo reunido e consagrado os seus parentes, os levitas foram
purificar o templo do Senhor, conforme o rei havia ordenado, em
obediência à palavra do Senhor. ¹⁶ Os sacerdotes entraram no santuário
do Senhor para purificá-lo e trouxeram para o pátio do templo do Senhor
todas as coisas impuras que lá havia, e os levitas as levaram para o vale
de Cedrom. ¹⁷ Começaram a consagração no primeiro dia do primeiro mês
e no oitavo dia chegaram ao pórtico do Senhor. Durante mais oito dias
consagraram o templo do Senhor propriamente dito, terminando tudo no
décimo sexto dia.

¹⁸ Depois foram falar com o rei Ezequias e lhe relataram: “Purificamos
todo o templo do Senhor, o altar dos holocaustos e a mesa do pão
consagrado, ambos com todos os seus utensílios. ¹⁹ Preparamos e
consagramos todos os utensílios que o rei Acaz, em sua infidelidade,
retirou durante o seu reinado. Eles estão em frente do altar do Senhor”.

²⁰ Cedo, na manhã seguinte, o rei Ezequias reuniu os líderes da cidade
e, juntos, subiram ao templo do Senhor, ²¹ levando sete novilhos, sete
carneiros, sete cordeiros e sete bodes como oferta pelo pecado, em favor
da realeza, do santuário e de Judá. O rei ordenou que os sacerdotes,
descendentes de Arão, sacrificassem os animais no altar do Senhor.
²² Então os sacerdotes abateram os novilhos e aspergiram o sangue sobre o
altar; em seguida fizeram o mesmo com os carneiros e com os cordeiros.
²³ Depois, os bodes para a oferta pelo pecado foram levados para diante do
rei e da assembleia, que impuseram as mãos sobre eles. ²⁴ Os sacerdotes

67

abateram os bodes e apresentaram o sangue sobre o altar como oferta pelo pecado, para fazer propiciação por todo o Israel, pois era em favor de todo o Israel que o rei havia ordenado o holocausto e a oferta pelo pecado.

[25] O rei posicionou os levitas no templo do Senhor, com címbalos, liras e harpas, segundo a prescrição de Davi, de Gade, vidente do rei, e do profeta Natã; isso foi ordenado pelo Senhor, por meio de seus profetas. [26] Assim os levitas ficaram em pé, preparados com os instrumentos de Davi, e os sacerdotes com as cornetas.

[27] Então Ezequias ordenou que sacrificassem o holocausto sobre o altar. Iniciado o sacrifício, começou também o canto em louvor ao Senhor, ao som das cornetas e dos instrumentos de Davi, rei de Israel. [28] Toda a assembleia prostrou-se em adoração, enquanto os músicos cantavam e os corneteiros tocavam, até que terminou o holocausto.

[29] Então o rei e todos os presentes ajoelharam-se e adoraram. [30] O rei Ezequias e seus oficiais ordenaram aos levitas que louvassem o Senhor com as palavras de Davi e do vidente Asafe. Eles o louvaram com alegria, depois inclinaram suas cabeças e o adoraram.

[31] Disse então Ezequias: "Agora que vocês se dedicaram ao Senhor, tragam sacrifícios e ofertas de gratidão ao templo do Senhor". Assim, a comunidade levou sacrifícios e ofertas de gratidão, e alguns, espontaneamente, levaram também holocaustos.

[32] Esses holocaustos que a assembleia ofertou ao Senhor foram setenta bois, cem carneiros e duzentos cordeiros. [33] Os animais consagrados como sacrifícios chegaram a seiscentos bois e três mil ovelhas e bodes. [34] Como os sacerdotes eram muito poucos para tirar a pele de todos os holocaustos, os seus parentes, os levitas, os ajudaram até o fim da tarefa e até que outros sacerdotes se consagrassem, pois os levitas demoraram menos que os sacerdotes para consagrar-se. [35] Houve holocaustos em grande quantidade, oferecidos com a gordura das ofertas de comunhão e com as ofertas derramadas que acompanhavam esses holocaustos.

Assim foi restabelecido o culto no templo do Senhor. [36] Ezequias e todo o povo regozijavam-se com o que Deus havia feito por seu povo, e tudo em tão pouco tempo.

LIÇÃO 5: COMPETÊNCIA

2Crônicas 31:20-21

[20] *Foi isso que Ezequias fez em todo o reino de Judá. Ele fez o que era bom e certo, e em tudo foi fiel diante do Senhor, do seu Deus.* [21] *Em tudo o que ele empreendeu no serviço do templo de Deus e na obediência à lei e aos mandamentos, ele buscou o seu Deus e trabalhou de todo o coração; e por isso prosperou.*

Perguntas para estudo

1. Em que altura de seu reinado Ezequias iniciou suas ações relacionadas à restauração do Templo? Qual a relevância desse momento?

   _____

   _____

   _____

   _____

   _____

2. Quanto os sacerdotes e levitas conheciam sobre Ezequias naquele momento? Por que você acredita que eles o seguiram?

   _____

   _____

   _____

   _____

3. Que tipo de evidência você é capaz de identificar em relação à competência de Ezequias como líder?

   _____

   _____

   _____

   _____

4. Quais benefícios de competência Ezequias colheu pessoalmente? Quais benefícios recaíram sobre o povo? Como isso impactou o povo de Judá?

_____

_____

_____

_____

_____

_____

3 As qualificações dos bispos e diáconos

1Timóteo 3:1-13

[1] *Esta afirmação é digna de confiança: Se alguém deseja ser bispo, deseja uma nobre função.* [2] *É necessário, pois, que o bispo seja irrepreensível, marido de uma só mulher, moderado, sensato, respeitável, hospitaleiro e apto para ensinar;* [3] *não deve ser apegado ao vinho, nem violento, mas sim amável, pacífico e não apegado ao dinheiro.* [4] *Ele deve governar bem sua própria família, tendo os filhos sujeitos a ele, com toda a dignidade.* [5] *Pois, se alguém não sabe governar sua própria família, como poderá cuidar da igreja de Deus?* [6] *Não pode ser recém-convertido, para que não se ensoberbeça e caia na mesma condenação em que caiu o Diabo.* [7] *Também deve ter boa reputação perante os de fora, para que não caia em descrédito nem na cilada do Diabo.*

[8] *Os diáconos igualmente devem ser dignos, homens de palavra, não amigos de muito vinho nem de lucros desonestos.* [9] *Devem apegar-se ao mistério da fé com a consciência limpa.* [10] *Devem ser primeiramente experimentados; depois, se não houver nada contra eles, que atuem como diáconos.*

[11] *As mulheres igualmente sejam dignas, não caluniadoras, mas sóbrias e confiáveis em tudo.*

[12] *O diácono deve ser marido de uma só mulher e governar bem seus filhos e sua própria casa.* [13] *Os que servirem bem alcançarão uma excelente posição e grande determinação na fé em Cristo Jesus.*

LIÇÃO 5: COMPETÊNCIA

Perguntas para estudo

1. Quais das qualificações listadas para os líderes da igreja estão relacionadas à competência e quais estão relacionadas ao caráter?

   _____

   _____

   _____

   _____

   _____

   _____

   _____

2. É possível que alguém possua bom caráter, mas não seja competente? Pode alguém ser competente sem ter bom caráter? O que normalmente ocorre em cada uma dessas circunstâncias?

   _____

   _____

   _____

   _____

   _____

   _____

3. Por que é essencial que um bom líder possua as duas qualidades?

   _____

   _____

   _____

   _____

   _____

REFLEXÃO E *INSIGHTS* DE LIDERANÇA

Quanto da competência pode ser atribuída à intencionalidade e quanto à habilidade? Como esses dois fatores se desenvolvem nas duas primeiras passagens bíblicas?

_____

_____

_____

_____

_____

_____

Quais dessas duas características afloram de forma mais natural no seu caso: habilidade ou intencionalidade? Qual é seu ponto mais forte? Como você cultiva cada uma destas características?

_____

_____

_____

_____

_____

PARTINDO PARA AÇÃO

Que atitude Deus está querendo que você tome de modo a aumentar sua competência? Trata-se de um passo em direção à melhoria de caráter, fortalecimento de habilidades ou maior intencionalidade?

_____

_____

_____

_____

_____

_____

LIÇÃO 5: COMPETÊNCIA

O que exatamente você pretende fazer para começar a melhorar ainda hoje?

_____

_____

_____

_____

_____

_____

_____

_____

_____

Perguntas para discussão em grupo

1. Abraão estava tão concentrado na tarefa que Deus tinha determinado que se pôs a caminho rapidamente; ainda assim, ele estava atento à voz de Deus o suficiente para ser impedido de matar seu filho. Como você acredita que ele conseguiu manter este equilíbrio? Como você se avalia em relação a esta capacidade?

2. Ezequias poderia ter completado a tarefa de reforma do Templo sem os sacerdotes e levitas? Eles poderiam ter realizado a reforma sem Ezequias? Qual a contribuição de cada um para esse processo?

3. A passagem lida em 1Timóteo 3:1-13 descreve qualificações para os líderes da igreja. Até que ponto essas qualificações podem ser aplicadas a líderes fora da igreja? O quanto essas qualificações de liderança variam de acordo com o ambiente em que são aplicadas?

4. Qual o fator mais importante para o sucesso: a competência do líder ou a competência das pessoas que finalizam a empreitada? Fundamente sua resposta.

5. Quando conhece um líder, quais qualidades você procura? A competência está em qual posição na sua lista? Explique.

6. Qual o maior ensinamento que você absorveu nessa lição sobre competência em liderança?

7. Qual ação você acredita que Deus esteja pedindo que você coloque em prática para o crescimento de sua capacidade de liderança como resultado dessa lição? Quando e como pretende implementá-la?

LIÇÃO 6

CORAGEM
UMA PESSOA COM CORAGEM
EQUIVALE À MAIORIA

A QUALIDADE DEFINIDA

Quando pensamos em coragem, imaginamos alguém tomando atitudes sem levar em conta os riscos envolvidos. Seja defendendo uma opinião controversa ou impopular, tomando uma decisão delicada ou arriscando a própria vida; tendemos a imaginar tal pessoa agindo de forma destemida. Embora ações como essas possam demonstrar coragem, elas raramente são indício de ausência de medo. Isso porque coragem significa assumir riscos apesar da existência deles, não na ausência deles.

Líderes corajosos são aqueles que enfrentam riscos de forma franca e decidem agir em benefício de outras pessoas, sem se intimidar. Eles assumem grandes riscos e colocam sua liderança à prova em prol da equipe ou organização. Como resultado dessa postura, realizam feitos notáveis. É fácil identificar a coragem dos heróis de guerra, mas esta qualidade também está presente em todos os grandes líderes no mundo dos negócios, na administração pública e na igreja. Sempre que você notar uma evolução significativa em uma organização é porque o líder agiu de forma destemida na tomada de decisões.

A ironia é que tanto aqueles que não têm coragem para assumir riscos quanto os que têm esta coragem acabam experimentando a mesma dose de medo ao longo da vida. Dar espaço ao medo é um fator limitante para um líder. O historiador romano Tacitus disse: "A ânsia por segurança opõe-se a qualquer iniciativa nobre ou notável." Mas tomar atitudes com coragem produz efeito inverso. A coragem abre portas e isso é um dos seus benefícios mais maravilhosos. Inspira imitadores. A coragem demonstrada por qualquer pessoa leva ao encorajamento das demais. Mas a coragem de um líder desencadeia efeitos ainda mais profundos. "A coragem é contagiosa," dizia o evangelista Billy Graham. "Quando um homem destemido assume uma posição, a espinha dorsal dos demais é endireitada."

Eleanor Roosevelt disse: "Você ganha resistência, coragem e confiança cada vez que passa por uma experiência na qual precisa parar e encarar seus próprios medos. Você está apto a dizer a si mesmo: eu passei por esse terror. Posso superar o próximo obstáculo que vier pelo caminho. Você precisa fazer exatamente aquilo que pensa não ser capaz." Líderes que encaram seus medos e saem da zona de conforto de forma consistente contagiam seus subordinados com coragem. E o conjunto da equipe ou organização é impulsionado a assumir riscos maiores, tomar decisões delicadas e alcançar grandes realizações.

Estudos de caso

Leia esses estudos de caso da Bíblia e responda às perguntas a seguir.

1 Josué conduz a passagem do povo pelo Jordão

Josué 1:1-11

[1] *Depois da morte de Moisés, servo do Senhor, disse o Senhor a Josué, filho de Num, auxiliar de Moisés:* [2] *"Meu servo Moisés está morto. Agora, pois, você e todo este povo preparem-se para atravessar o rio Jordão e entrar na terra que eu estou para dar aos israelitas.* [3] *Como prometi a Moisés, todo lugar onde puserem os pés eu darei a vocês.* [4] *Seu território se estenderá do deserto ao Líbano, e do grande rio, o Eufrates, toda a terra dos hititas, até o mar Grande, no oeste.* [5] *Ninguém conseguirá resistir a você todos os dias da sua vida. Assim como estive com Moisés, estarei com você; nunca o deixarei, nunca o abandonarei".*

[6] *"Seja forte e corajoso, porque você conduzirá este povo para herdar a terra que prometi sob juramento aos seus antepassados.* [7] *Somente seja forte e muito corajoso! Tenha o cuidado de obedecer a toda a lei que o meu servo Moisés lhe ordenou; não se desvie dela, nem para a direita nem para a esquerda, para que você seja bem-sucedido por onde quer que andar.* [8] *Não deixe de falar as palavras deste Livro da Lei e de*

LIÇÃO 6: CORAGEM

meditar nelas de dia e de noite, para que você cumpra fielmente tudo o que nele está escrito. Só então os seus caminhos prosperarão e você será bem-sucedido. ⁹ Não fui eu que lhe ordenei? Seja forte e corajoso! Não se apavore, nem desanime, pois o Senhor, o seu Deus, estará com você por onde você andar".

¹⁰ Assim Josué ordenou aos oficiais do povo: ¹¹ "Percorram o acampamento e ordenem ao povo que prepare as provisões. Daqui a três dias vocês atravessarão o Jordão neste ponto, para entrar e tomar posse da terra que o Senhor, o seu Deus, lhes dá".

Josué 3:1-4, 14-17

¹ De manhã bem cedo Josué e todos os israelitas partiram de Sitim e foram para o Jordão, onde acamparam antes de atravessar o rio. ² Três dias depois, os oficiais percorreram o acampamento, ³ e deram esta ordem ao povo: "Quando virem a arca da aliança do Senhor, o seu Deus, e os sacerdotes levitas carregando a arca, saiam das suas posições e sigam-na. ⁴ Mas mantenham a distância de cerca de novecentos metros entre vocês e a arca; não se aproximem! Desse modo saberão que caminho seguir, pois vocês nunca passaram por lá"....

¹⁴ Quando, pois, o povo desmontou o acampamento para atravessar o Jordão, os sacerdotes que carregavam a arca da aliança foram adiante. ¹⁵ (O Jordão transborda em ambas as margens na época da colheita.) Assim que os sacerdotes que carregavam a arca da aliança chegaram ao Jordão e seus pés tocaram as águas, ¹⁶ a correnteza que descia parou de correr e formou uma muralha a grande distância, perto de uma cidade chamada Adã, nas proximidades de Zaretã; e as águas que desciam para o mar da Arabá, o mar Salgado, escoaram totalmente. E assim o povo atravessou o rio em frente de Jericó. ¹⁷ Os sacerdotes que carregavam a arca da aliança do Senhor ficaram parados em terra seca no meio do Jordão, enquanto todo o Israel passava, até que toda a nação o atravessou pisando em terra seca.

Perguntas para estudo

1. Josué, ao lado de Calebe, já tinha visto a Terra Prometida. A primeira vez que Deus direcionou os israelitas a cruzar o Jordão

e a tomar a terra 40 anos antes, Josué tinha sido um dos espias. Mas o povo recusou-se a avançar. Como você acha que Josué estava se sentindo desta vez a respeito do que Deus o estava admoestando a fazer?

_____

_____

_____

_____

_____

2. Quantas vezes nessa passagem Deus disse a Josué para ser forte e corajoso? Por que você acha que Deus repete essa ordem? O que poderia estar amedrontando Josué?

_____

_____

_____

_____

_____

3. Qual a relevância da frase: "pois vocês nunca passaram por lá" (3:4)? Qual impacto este fato teria tido sobre os israelitas? E sobre Josué?

_____

_____

_____

_____

_____

4. Esta geração de israelitas poderia ter se rebelado da forma como a geração anterior se rebelou? Se sim, o que você acha que Deus teria feito?

_____

_____

_____

_____

_____

LIÇÃO 6: CORAGEM

2 Elias no Monte Carmelo

1Reis 18:16-40

[16] *Então Obadias dirigiu-se a Acabe, passou-lhe a informação, e Acabe foi ao encontro de Elias.* [17] *Quando viu Elias, disse-lhe: "É você mesmo, perturbador de Israel?"*

[18] *"Não tenho perturbado Israel", Elias respondeu. "Mas você e a família do seu pai têm. Vocês abandonaram os mandamentos do Senhor e seguiram os baalins.* [19] *Agora convoque todo o povo de Israel para encontrar-se comigo no monte Carmelo. E traga os quatrocentos e cinquenta profetas de Baal e os quatrocentos profetas de Aserá, que comem à mesa de Jezabel".*

[20] *Acabe convocou então todo o Israel e reuniu os profetas no monte Carmelo.* [21] *Elias dirigiu-se ao povo e disse: "Até quando vocês vão oscilar para um lado e para o outro? Se o Senhor é Deus, sigam-no; mas, se Baal é Deus, sigam-no".*

O povo, porém, nada respondeu.

[22] *Disse então Elias: "Eu sou o único que restou dos profetas do Senhor, mas Baal tem quatrocentos e cinquenta profetas.* [23] *Tragam dois novilhos. Escolham eles um, cortem-no em pedaços e o ponham sobre a lenha, mas não acendam fogo. Eu prepararei o outro novilho e o colocarei sobre a lenha, e também não acenderei fogo nela.* [24] *Então vocês invocarão o nome do seu deus, e eu invocarei o nome do Senhor. O deus que responder por meio do fogo, esse é Deus".*

Então todo o povo disse: "O que você disse é bom".

[25] *Elias disse aos profetas de Baal: "Escolham um dos novilhos e preparem-no primeiro, visto que vocês são tantos. Clamem pelo nome do seu deus, mas não acendam o fogo".* [26] *Então pegaram o novilho que lhes foi dado e o prepararam.*

E clamaram pelo nome de Baal desde a manhã até o meio-dia. "Ó Baal, responde-nos!", gritavam. E dançavam em volta do altar que haviam feito. Mas não houve nenhuma resposta; ninguém respondeu.

[27] *Ao meio-dia Elias começou a zombar deles. "Gritem mais alto!", dizia, "já que ele é um deus. Quem sabe está meditando, ou ocupado, ou viajando. Talvez esteja dormindo e precise ser despertado."* [28] *Então passaram a gritar ainda mais alto e a ferir-se com espadas e lanças, de acordo com o costume deles, até sangrarem.* [29] *Passou o meio-dia, e eles*

21 QUALIDADES DE LÍDERES DA BÍBLIA

continuaram profetizando em transe até a hora do sacrifício da tarde. Mas não houve resposta alguma; ninguém respondeu, ninguém deu atenção.

³⁰ Então Elias disse a todo o povo: "Aproximem-se de mim". O povo aproximou-se, e Elias reparou o altar do Senhor, que estava em ruínas. ³¹ Depois apanhou doze pedras, uma para cada tribo dos descendentes de Jacó, a quem a palavra do Senhor tinha sido dirigida, dizendo-lhe: "Seu nome será Israel". ³² Com as pedras construiu um altar em honra ao nome do Senhor e cavou ao redor do altar uma valeta na qual poderiam ser semeadas duas medidas de sementes. ³³ Depois arrumou a lenha, cortou o novilho em pedaços e o pôs sobre a lenha. Então lhes disse: "Encham de água quatro jarras grandes e derramem-na sobre o holocausto e sobre a lenha".

³⁴ "Façam-no novamente", disse, e eles o fizeram de novo.

"Façam-no pela terceira vez", ordenou, e eles o fizeram pela terceira vez. ³⁵ A água escorria do altar, chegando a encher a valeta.

³⁶ À hora do sacrifício, o profeta Elias colocou-se à frente do altar e orou: "Ó Senhor, Deus de Abraão, de Isaque e de Israel, que hoje fique conhecido que tu és Deus em Israel e que sou o teu servo e que fiz todas estas coisas por ordem tua. ³⁷ Responde-me, ó Senhor, responde-me, para que este povo saiba que tu, ó Senhor, és Deus, e que fazes o coração deles voltar para ti".

³⁸ Então o fogo do Senhor caiu e queimou completamente o holocausto, a lenha, as pedras e o chão, e também secou totalmente a água na valeta.

³⁹ Quando o povo viu isso, todos caíram prostrados e gritaram: "O Senhor é Deus! O Senhor é Deus!"

⁴⁰ Então Elias ordenou-lhes: "Prendam os profetas de Baal. Não deixem nenhum escapar!" Eles os prenderam, e Elias os fez descer ao riacho de Quisom e lá os matou.

Perguntas para estudo

1. Elias disse que agiu de acordo com a vontade de Deus. Mesmo assim, quanto de coragem ele precisou para convocar esse confronto com os 450 profetas de Baal?

LIÇÃO 6: CORAGEM

2. O que você acha que teria acontecido com Elias se Deus não tivesse respondido à sua oração e enviado fogo para consumir o sacrifício?

3. Por que foi necessário algo tão dramático para que os israelitas pudessem reconhecer e seguir a Deus? O que este incidente nos ensina sobre liderança?

3 A coragem de Ester para resgatar o seu povo

Ester 3:8-11

[8] Então Hamã disse ao rei Xerxes: "Existe certo povo disperso e espalhado entre os povos de todas as províncias do teu império, cujos costumes são diferentes dos de todos os outros povos e que não obedecem às leis do rei; não convém ao rei tolerá-los. [9] Se for do agrado do rei, que se decrete a destruição deles, e eu colocarei trezentas e cinquenta toneladas de prata na tesouraria real à disposição para que se execute esse trabalho".

[10] Em vista disso, o rei tirou seu anel-selo do dedo, deu-o a Hamã, o inimigo dos judeus, filho de Hamedata, descendente de Agague, e lhe disse: [11] "Fique com a prata e faça com o povo o que você achar melhor".

Ester 4:1, 4-7, 9-13, 15-16

[1] Quando Mardoqueu soube de tudo o que tinha acontecido, rasgou as vestes, vestiu-se de pano de saco, cobriu-se de cinza, e saiu pela cidade, chorando amargamente em alta voz....

[4] Quando as criadas de Ester e os oficiais responsáveis pelo harém lhe contaram o que se passava com Mardoqueu, ela ficou muito aflita e mandou-lhe roupas para que as vestisse e tirasse o pano de saco; mas

21 QUALIDADES DE LÍDERES DA BÍBLIA

ele não quis aceitá-las. ⁵ Então Ester convocou Hatá, um dos oficiais do rei, nomeado para ajudá-la, e deu-lhe ordens para descobrir o que estava perturbando Mardoqueu e por que ele estava agindo assim.

⁶ Hatá foi falar com Mardoqueu na praça da cidade, em frente da porta do palácio real. ⁷ Mardoqueu contou-lhe tudo o que lhe tinha acontecido e quanta prata Hamã tinha prometido depositar na tesouraria real para a destruição dos judeus....

⁹ Hatá retornou e relatou a Ester tudo o que Mardoqueu lhe tinha dito. ¹⁰ Então ela o instruiu que dissesse o seguinte a Mardoqueu: ¹¹ "Todos os oficiais do rei e o povo das províncias do império sabem que existe somente uma lei para qualquer homem ou mulher que se aproxime do rei no pátio interno sem por ele ser chamado: será morto, a não ser que o rei estenda o cetro de ouro para a pessoa e lhe poupe a vida. E eu não sou chamada à presença do rei há mais de trinta dias".

¹² Quando Mardoqueu recebeu a resposta de Ester, ¹³ mandou dizer-lhe: "Não pense que pelo fato de estar no palácio do rei, você será a única entre os judeus que escapará...

¹⁵ Então Ester mandou esta resposta a Mardoqueu: ¹⁶ "Vá reunir todos os judeus que estão em Susã, e jejuem em meu favor. Não comam nem bebam durante três dias e três noites. Eu e minhas criadas jejuaremos como vocês. Depois disso irei ao rei, ainda que seja contra a lei. Se eu tiver que morrer, morrerei".

Ester 5:1-3

¹ Três dias depois, Ester vestiu seus trajes de rainha e colocou-se no pátio interno do palácio, em frente do salão do rei. O rei estava no trono, de frente para a entrada. ² Quando viu a rainha Ester ali no pátio, teve misericórdia dela e estendeu-lhe o cetro de ouro que tinha na mão. Ester aproximou-se e tocou a ponta do cetro.

³ E o rei lhe perguntou: "Que há, rainha Ester? Qual é o seu pedido? Mesmo que seja a metade do reino, lhe será dado".

Ester 7:3-10

³ Então a rainha Ester respondeu: "Se posso contar com o favor do rei, e se isto lhe agrada, poupe a minha vida e a vida do meu povo; este é o

LIÇÃO 6: CORAGEM

meu pedido e o meu desejo. ⁴ Pois eu e meu povo fomos vendidos para destruição, morte e aniquilação. Se apenas tivéssemos sido vendidos como escravos e escravas, eu teria ficado em silêncio, porque nenhuma aflição como essa justificaria perturbar o rei".

⁵ O rei Xerxes perguntou à rainha Ester: "Quem se atreveu a uma coisa dessas? Onde está ele?"

⁶ Respondeu Ester: "O adversário e inimigo é Hamã, esse perverso".

Diante disso, Hamã ficou apavorado na presença do rei e da rainha. ⁷ Furioso, o rei levantou-se, deixou o vinho, saiu dali e foi para o jardim do palácio. E percebendo Hamã que o rei já tinha decidido condená-lo, ficou ali para implorar por sua vida à rainha Ester.

⁸ E voltando o rei do jardim do palácio ao salão do banquete, viu Hamã caído sobre o assento onde Ester estava reclinada. E então exclamou: "Chegaria ele ao cúmulo de violentar a rainha na minha presença e em minha própria casa?"

Mal o rei terminou de dizer isso, alguns oficiais cobriram o rosto de Hamã. ⁹ E um deles, chamado Harbona, que estava a serviço do rei, disse: "Há uma forca de mais de vinte metros de altura junto à casa de Hamã, que ele fez para Mardoqueu, aquele que intercedeu pela vida do rei".

Então o rei ordenou: "Enforquem-no nela!" ¹⁰ Assim Hamã morreu na forca que tinha preparado para Mardoqueu; e a ira do rei se acalmou.

Perguntas para estudo

1. De acordo com a cultura da Pérsia, toda pessoa que se aproximasse do rei sem ser chamada seria executada. O que esse costume revela sobre a cultura de liderança dessa região?

_____

_____

_____

_____

_____

_____

_____

2I QUALIDADES DE LÍDERES DA BÍBLIA

2. Por que você acha que Ester levou mais tempo para comunicar o pedido que ela tinha ao rei Xerxes?

_____

_____

_____

_____

3. A atitude de Ester se deu em resposta a um pedido feito pelo seu tio Mardoqueu, não a um comando de Deus. Como você acha que isso a afetou?

_____

_____

_____

_____

REFLEXÃO E *INSIGHTS* DE LIDERANÇA

Reflita sobre as três passagens bíblicas. O que estava em jogo para cada líder e as pessoas envolvidas?

_____

_____

_____

_____

_____

_____

Quanto de coragem cada líder precisou para tomar atitudes? Nos casos de Josué e Elias, Deus os havia ordenado a fazer o que fizeram; mas no caso de Ester, ele não havia comandado. O que poderia ter dado errado?

_____

_____

_____

LIÇÃO 6: CORAGEM

Como você sabe os momentos certos para tomar atitudes ousadas como líder? Em quais princípios e fatores seu processo de tomada de decisão se apoia?

_____

_____

_____

_____

_____

PARTINDO PARA AÇÃO

Reflita sobre seu papel atual como líder e como poderia ajudar seus liderados. Qual ação corajosa Deus está te convidando a tomar como líder? Descreva-a.

_____

_____

_____

_____

_____

O que você pode fazer para se tornar forte e corajoso?

_____

_____

_____

_____

Quando você partirá para a ação?

_____

_____

_____

_____

Perguntas para discussão em grupo

1. Quem foi o maior líder: Moisés, que liderou os israelitas na saída do Egito; ou Josué, que os conduziu até a Terra Prometida? Fundamente sua resposta.

2. Qual foi sua reação quando leu sobre a resposta de Deus ao pedido de Elias no Monte Carmelo ao consumir o sacrifício, a água e até as pedras? Qual foi sua reação quando ele encaminhou todos os profetas de Baal ao morticínio? Por que você acha que ele tomou tal medida?

3. Qual segurança Ester tinha de que Deus resgataria seu povo e a ela?

4. Com qual líder das passagens bíblicas você mais se identifica? Por quê?

5. Em quais situações você costuma responder de forma corajosa e em quais você fica anestesiado? Por que acredita que isso aconteça?

6. Qual a importância da coragem no exercício da liderança?

7. Qual ação corajosa você acredita que Deus o esteja levando a tomar como líder? Quando e como pretende colocar em prática tal ação?

LIÇÃO 7

DISCERNIMENTO

Coloque Ponto Final nos Mistérios Insolúveis

A QUALIDADE DEFINIDA

Explicado de forma simples, discernimento é a capacidade de ir direto ao "xis da questão", de ler nas entrelinhas, de enxergar além da superfície de uma situação. É mais do que o entendimento lógico dos fatos; esta capacidade também se apoia na experiência, sabedoria e intuição. Discernimento é crucial para a eficiência na liderança, porque líderes precisam tomar decisões complexas diariamente, e eles raramente conseguem ter acesso ao conjunto completo de informações necessárias para decidir com 100% de clareza. O pesquisador Henry Mintzberg, da Universidade McGill, disse: "A eficiência organizacional não está ancorada naquele conceito limitado chamado racionalidade. Ela está ancorada numa mistura de raciocínio lógico e intuição poderosa". O discernimento proporciona ao líder a capacidade de enxergar partes de um quebra-cabeças, completar os espaços em branco com o suporte da intuição e tomar uma boa decisão.

Então como um líder desenvolve o discernimento? Primeiramente, é necessário atribuir grande valor ao raciocínio não tradicional e aceitar de bom grado a mudança, a ambiguidade e a incerteza. Inspire-se nos líderes sábios e com grande capacidade de discernimento que você admira. Também é importante adquirir o hábito de avaliar sua própria experiência. Absorva ao máximo o aprendizado proporcionado pela vida. Examine as decisões tomadas no passado. Em quais situações a lógica pura e simples serviu? Quando o fato de seguir seus instintos o ajudou? Ao avaliar suas decisões, identifique padrões. A maioria das pessoas tem uma área – normalmente aquela em que

Estudos de caso

Leia esses estudos de caso da Bíblia e responda às perguntas a seguir.

1 Faraó reconhece a sabedoria de José

Gênesis 41:25-57

[25] *"O faraó teve um único sonho", disse-lhe José. "Deus revelou ao faraó o que ele está para fazer.* [26] *As sete vacas boas são sete anos, e as sete espigas boas são também sete anos; trata-se de um único sonho.* [27] *As sete vacas magras e feias que surgiram depois das outras, e as sete espigas mirradas, queimadas pelo vento leste, são sete anos. Serão sete anos de fome.*

[28] *"É exatamente como eu disse ao faraó: Deus mostrou ao faraó aquilo que ele vai fazer.* [29] *Sete anos de muita fartura estão para vir sobre toda a terra do Egito,* [30] *mas depois virão sete anos de fome. Então todo o tempo de fartura será esquecido, pois a fome arruinará a terra.* [31] *A fome que virá depois será tão rigorosa que o tempo de fartura não será mais lembrado na terra.* [32] *O sonho veio ao faraó duas vezes porque a questão já foi decidida por Deus, que se apressa em realizá-la.*

[33] *"Procure agora o faraó um homem criterioso e sábio e coloque-o no comando da terra do Egito.* [34] *O faraó também deve estabelecer supervisores para recolher um quinto da colheita do Egito durante os sete anos de fartura.* [35] *Eles deverão recolher o que puderem nos anos bons que virão e fazer estoques de trigo que, sob o controle do faraó, serão armazenados nas cidades.* [36] *Esse estoque servirá de reserva para os sete anos de fome que virão sobre o Egito, para que a terra não seja arrasada pela fome."*

[37] *O plano pareceu bom ao faraó e a todos os seus conselheiros.* [38] *Por isso o faraó lhes perguntou: "Será que vamos achar alguém como este homem, em quem está o espírito divino?"*

LIÇÃO 7: DISCERNIMENTO

39 Disse, pois, o faraó a José: "Uma vez que Deus lhe revelou todas essas coisas, não há ninguém tão criterioso e sábio como você. 40 Você terá o comando de meu palácio, e todo o meu povo se sujeitará às suas ordens. Somente em relação ao trono serei maior que você". 41 E o faraó prosseguiu: "Entrego a você agora o comando de toda a terra do Egito". 42 Em seguida o faraó tirou do dedo o seu anel-selo e o colocou no dedo de José. Mandou-o vestir linho fino e colocou uma corrente de ouro em seu pescoço. 43 Também o fez subir em sua segunda carruagem real, e à frente os arautos iam gritando: "Abram caminho!" Assim José foi colocado no comando de toda a terra do Egito.

44 Disse ainda o faraó a José: "Eu sou o faraó, mas sem a sua palavra ninguém poderá levantar a mão nem o pé em todo o Egito". 45 O faraó deu a José o nome de Zafenate-Panéia e lhe deu por mulher Azenate, filha de Potífera, sacerdote de Om. Depois José foi inspecionar toda a terra do Egito.

46 José tinha trinta anos de idade quando começou a servir ao faraó, rei do Egito. Ele se ausentou da presença do faraó e foi percorrer todo o Egito. 47 Durante os sete anos de fartura a terra teve grande produção. 48 José recolheu todo o excedente dos sete anos de fartura no Egito e o armazenou nas cidades. Em cada cidade ele armazenava o trigo colhido nas lavouras das redondezas. 49 Assim José estocou muito trigo, como a areia do mar. Tal era a quantidade que ele parou de anotar, porque ia além de toda medida.

50 Antes dos anos de fome, Azenate, filha de Potífera, sacerdote de Om, deu a José dois filhos. 51 Ao primeiro, José deu o nome de Manassés, dizendo: "Deus me fez esquecer todo o meu sofrimento e toda a casa de meu pai".

52 Ao segundo filho chamou Efraim, dizendo: "Deus me fez prosperar na terra onde tenho sofrido".

53 Assim chegaram ao fim os sete anos de fartura no Egito, 54 e começaram os sete anos de fome, como José tinha predito. Houve fome em todas as terras, mas em todo o Egito havia alimento. 55 Quando todo o Egito começou a sofrer com a fome, o povo clamou ao faraó por comida, e este respondeu a todos os egípcios: "Dirijam-se a José e façam o que ele disser".

56 Quando a fome já se havia espalhado por toda a terra, José mandou abrir os locais de armazenamento e começou a vender trigo aos egípcios,

21 QUALIDADES DE LÍDERES DA BÍBLIA

pois a fome se agravava em todo o Egito. [57] *E de toda a terra vinha gente ao Egito para comprar trigo de José, porquanto a fome se agravava em toda parte.*

Gênesis 47:13-26

[13] *Não havia mantimento em toda a região, pois a fome era rigorosa; tanto o Egito como Canaã desfaleciam por causa da fome.* [14] *José recolheu toda a prata que circulava no Egito e em Canaã, dada como pagamento do trigo que o povo comprava, e levou-a ao palácio do faraó.* [15] *Quando toda a prata do Egito e de Canaã se esgotou, todos os egípcios foram suplicar a José: "Dá-nos comida! Não nos deixes morrer só porque a nossa prata acabou".*

[16] *E José lhes disse: "Tragam então os seus rebanhos, e em troca lhes darei trigo, uma vez que a prata de vocês acabou".* [17] *E trouxeram a José os rebanhos, e ele deu-lhes trigo em troca de cavalos, ovelhas, bois e jumentos. Durante aquele ano inteiro ele os sustentou em troca de todos os seus rebanhos.*

[18] *O ano passou, e no ano seguinte voltaram a José, dizendo: "Não temos como esconder de ti, meu senhor, que uma vez que a nossa prata acabou e os nossos rebanhos lhe pertencem, nada mais nos resta para oferecer, a não ser os nossos próprios corpos e as nossas terras.* [19] *Não deixes que morramos e que as nossas terras pereçam diante dos teus olhos! Compra-nos, e compra as nossas terras, em troca de trigo, e nós, com as nossas terras, seremos escravos do faraó. Dá-nos sementes para que sobrevivamos e não morramos de fome, a fim de que a terra não fique desolada".*

[20] *Assim, José comprou todas as terras do Egito para o faraó. Todos os egípcios tiveram que vender os seus campos, pois a fome os obrigou a isso. A terra tornou-se propriedade do faraó.* [21] *Quanto ao povo, José o reduziu à servidão, de uma à outra extremidade do Egito.* [22] *Somente as terras dos sacerdotes não foram compradas, porque, por lei, esses recebiam sustento regular do faraó, e disso viviam. Por isso não tiveram que vender as suas terras.*

[23] *Então José disse ao povo: "Ouçam! Hoje comprei vocês e suas terras para o faraó; aqui estão as sementes para que cultivem a terra.* [24] *Mas vocês darão a quinta parte das suas colheitas ao faraó. Os outros quatro*

LIÇÃO 7: DISCERNIMENTO

quintos ficarão para vocês como sementes para os campos e como alimento para vocês, seus filhos e os que vivem em suas casas".

[25] Eles disseram: "Meu senhor, tu nos salvaste a vida. Visto que nos favoreceste, seremos escravos do faraó".

[26] Assim, quanto à terra, José estabeleceu o seguinte decreto no Egito, que permanece até hoje: um quinto da produção pertence ao faraó. Somente as terras dos sacerdotes não se tornaram propriedade do faraó.

Perguntas para estudo

1. Uma vez que José atribuiu a Deus o mérito pela interpretação do sonho de Faraó, ele ainda merecia ser reconhecido por ter discernimento? Explique sua resposta.

   _____

   _____

   _____

   _____

   _____

   _____

   _____

   _____

2. De que forma Faraó demonstrou discernimento?

   _____

   _____

   _____

   _____

   _____

   _____

   _____

   _____

3. Por que você acha que José utilizou a escassez de alimentos para adquirir dinheiro, animais, terra e até mesmo pessoas para Faraó?

_____

_____

_____

_____

_____

_____

4. Você considera justos ou severos os procedimentos estabelecidos por José como líder no Egito? Fundamente sua resposta.

_____

_____

_____

_____

_____

_____

2 Hirão e Salomão fazem uma aliança

1Reis 5:1-12

¹ Quando Hirão, rei de Tiro, soube que Salomão tinha sido ungido rei, mandou seus conselheiros a Salomão, pois sempre tinha sido amigo leal de Davi. ² Salomão enviou esta mensagem a Hirão:

³ "Tu bem sabes que foi por causa das guerras travadas de todos os lados contra meu pai Davi que ele não pôde construir um templo em honra ao nome do Senhor, o seu Deus, até que o Senhor pusesse os seus inimigos debaixo dos seus pés. ⁴ Mas agora o Senhor, o meu Deus, concedeu-me paz em todas as fronteiras, e não tenho que enfrentar nem inimigos nem calamidades.

⁵ Pretendo, por isso, construir um templo em honra ao nome ao Senhor, o meu Deus, conforme o Senhor disse a meu pai Davi: 'O seu filho, a quem colocarei no trono em seu lugar, construirá o templo em honra ao meu nome'".

⁶ "Agora te peço que ordenes que cortem para mim cedros do Líbano. Os meus servos trabalharão com os teus, e eu pagarei a teus servos o

LIÇÃO 7: DISCERNIMENTO

salário que determinares. Sabes que não há entre nós ninguém tão hábil em cortar árvores quanto os sidônios".

⁷ Hirão ficou muito alegre quando ouviu a mensagem de Salomão, e exclamou: "Bendito seja o Senhor, pois deu a Davi um filho sábio para governar essa grande nação".

⁸ E Hirão respondeu a Salomão:

"Recebi a mensagem que me enviaste e atenderei ao teu pedido, enviando-te madeira de cedro e de pinho. ⁹ Meus servos levarão a madeira do Líbano até o mar, e eu a farei flutuar em jangadas até o lugar que me indicares. Ali eu a deixarei e tu poderás levá-la. E em troca, fornecerás alimento para a minha corte".

¹⁰ Assim Hirão se tornou fornecedor de toda a madeira de cedro e de pinho que Salomão desejava, ¹¹ e Salomão deu a Hirão vinte mil tonéis de trigo para suprir de mantimento a sua corte, além de vinte mil tonéis de azeite de oliva puro. Era o que Salomão dava anualmente a Hirão. ¹² O Senhor deu sabedoria a Salomão, como lhe havia prometido. Houve paz entre Hirão e Salomão, e os dois fizeram um tratado.

Perguntas para estudo

1. Por que você acredita que Hirão estabeleceu contato com Salomão ao enviar mensageiros para o novo rei?

_____

_____

_____

_____

2. Quem demonstrou a maior capacidade de discernimento nesta interação: Hirão ou Salomão? Por quê?

_____

_____

_____

_____

_____

21 QUALIDADES DE LÍDERES DA BÍBLIA

3. Você acha que o acordo que eles estabeleceram foi igualmente proveitoso para ambos? Ou um deles teria tido vantagem em relação ao outro? Fundamente sua resposta.

_____

_____

_____

_____

_____

_____

3 Busque sabedoria e a encontrará

Provérbios 2:1-15

> [1] *Meu filho, se você aceitar*
> *as minhas palavras*
> *e guardar no coração*
> *os meus mandamentos;*
> [2] *se der ouvidos à sabedoria*
> *e inclinar o coração para o discernimento;*
> [3] *se clamar por entendimento*
> *e por discernimento gritar bem alto;*
> [4] *se procurar a sabedoria*
> *como se procura a prata*
> *e buscá-la como quem busca*
> *um tesouro escondido,*
> [5] *então você entenderá*
> *o que é temer o Senhor*
> *e achará o conhecimento de Deus.*
> [6] *Pois o Senhor é quem dá sabedoria;*
> *de sua boca procedem*
> *o conhecimento e o discernimento.*
> [7] *Ele reserva a sensatez para o justo;*
> *como um escudo protege quem anda com integridade,*
> [8] *pois guarda a vereda do justo*
> *e protege o caminho de seus fiéis.*
> [9] *Então você entenderá*

LIÇÃO 7: DISCERNIMENTO

o que é justo, direito e certo,
e aprenderá os caminhos do bem.
[10] Pois a sabedoria entrará em seu coração,
e o conhecimento será agradável à sua alma.
[11] O bom senso o guardará,
e o discernimento o protegerá.
[12] A sabedoria o livrará
do caminho dos maus,
dos homens de palavras perversas,
[13] que abandonam as veredas retas
para andarem por caminhos de trevas,
[14] além prazer em fazer o mal,
exultam com a maldade dos perversos,
[15] andam por veredas tortuosas
e no caminho se extraviam.

Perguntas para estudo

1. Existem diferenças entre *entendimento*, *sabedoria* e *discernimento*? Em caso positivo, quais são elas?

   _____

   _____

   _____

   _____

   _____

2. De acordo com essa passagem bíblica, como é possível desenvolver essas qualidades?

   _____

   _____

   _____

   _____

   _____

21 QUALIDADES DE LÍDERES DA BÍBLIA

3. Quais são os benefícios e as recompensas para os que cultivam essas qualidades?

_____

_____

_____

_____

_____

4. Você acha possível que um líder tenha discernimento e más intenções ao mesmo tempo? Explique.

_____

_____

_____

_____

_____

REFLEXÃO E *INSIGHTS* DE LIDERANÇA

Até que ponto discernimento é um dom de Deus e em que medida o discernimento pode ser adquirido com a experiência, pela observação e por meio do crescimento intencional?

_____

_____

_____

_____

_____

Qual o papel da oração no uso do discernimento por um líder?

_____

_____

_____

_____

_____

LIÇÃO 7: DISCERNIMENTO

Quão habilidoso no uso do discernimento você se considera em uma escala de 1 (pouco) a 10 (muito)? Qual a fundamentação da sua autoavaliação?

_____

_____

_____

_____

_____

_____

PARTINDO PARA AÇÃO

O que você está deixando de fazer e que poderia te transformar em um líder com maior capacidade de discernimento? (Lembre-se de Tiago 1:5 que diz "se algum de vocês têm falta de sabedoria, peça a Deus, que a todos dá livremente, de boa vontade, e lhe será concedida". No mínimo, você deve pedir a Deus que acrescente sua sabedoria.)

_____

_____

_____

_____

_____

_____

_____

O que você começará a fazer para ampliar seu discernimento?

_____

_____

_____

_____

_____

_____

_____

Perguntas para discussão em grupo

1. A maioria dos estudiosos acredita que José tinha sido escravo por mais de uma década quando o Faraó o convocou para interpretar o seu sonho. No lugar de José, você teria sido tão acessível, disponível e pronto para ajudar como ele foi? Explique.

2. Por que você acha que Faraó colocou José na posição de segundo homem mais importante do Egito em vez de governar sozinho, ou até mesmo em vez de escolher outro egípcio para o cargo?

3. Quais palavras você escolheria para descrever a interação entre Hirão e Salomão? Por que eles se trataram da forma como o fizeram?

4. A passagem de Provérbios 2:1-15 sugere que as pessoas deveriam tratar sabedoria, entendimento e discernimento como tesouros. Quão importantes estas qualidades têm sido para você até o momento?

5. Em qual área a falta de discernimento lhe causou prejuízo no passado? Mais especificamente, como isso colocou em xeque a sua capacidade de liderança?

6. O que você já fez para potencializar sua capacidade de discernimento? O que pode fazer agora e no futuro?

7. Qual ação específica acredita que Deus esteja te admoestando a tomar para que você possa crescer em discernimento de modo a se tornar um líder melhor e mais completo? Quando e como colocará esta ação em marcha?

LIÇÃO 8

FOCO

Quanto Mais Preciso Ele For,
Mais Certeiro Você Será

A QUALIDADE DEFINIDA

Muitas pessoas em posição de liderança acabam se tornando especialistas em coisas sem muita importância, enquanto outras parecem não se especializar em coisa alguma. Ou elas se concentram nos objetivos errados ou parecem não se dedicar com afinco a qualquer objetivo. Nenhuma dessas opções faz sentido. Para serem efetivos, líderes precisam desenvolver o foco, alcançado quando eles têm certeza sobre suas prioridades e têm uma clara noção de como atingi-las. Esse tipo de foco é voltado a dois tipos de prioridades: objetivos de longo prazo, como visão; e prioridades diárias, como tarefas importantes que constam de suas listas de afazeres cotidianos.

Em se tratando do longo prazo, líderes eficientes se concentram naquilo que tem grande impacto. Isso normalmente significa que eles dedicam mais do seu tempo, energia e recursos no desenvolvimento de seus pontos fortes, em vez de nas áreas em que apresentam fragilidades. É claro que todo líder precisa se preocupar em melhorar as tarefas nas quais eles não são bons. Mas este não deve ser o foco principal deles. Líderes são mais beneficiados quando delegam tarefas que correspondem às suas fragilidades em vez de tentar se especializar nelas.

Quanto ao dia a dia, líderes efetivos resistem à tirania do urgente. Pelo fato de a arte da liderança ser tão complexa e permeada por decisões em caráter de urgência, é fácil desviar do rumo por conta de prioridades equivocadas. De modo que a primeira prioridade está em determinar o que é realmente importante – que não é necessariamente o que é mais urgente.

Para dar prioridade ao que realmente é prioritário, determine seu foco com base em três perguntas. Primeiro, o que é esperado de você? Em outras palavras, quais tarefas podem ser feitas por você e ninguém mais? Tais tarefas são de alta prioridade. Em segundo lugar, o que te confere o maior retorno sobre investimento? O que traz um resultado positivo que se iguala ou supera o tempo e a energia por você empenhados? Depois daquilo que se espera de você, tais atividades devem vir logo em seguida. Finalmente, o que te dá a maior recompensa? Que conquistas te dão a maior satisfação pessoal? Trata-se provavelmente das tarefas que você tem mais vontade de fazer. Se tais tarefas representam ainda o que mais se espera de você ou se elas são de alto retorno sobre investimento, você está no caminho certo.

Ações não equivalem necessariamente a realizações. Líderes eficientes trabalham duro para apurar o foco e concentrar sua atenção nas ações que realmente têm importância.

ESTUDOS DE CASO

Leia esses estudos de caso da Bíblia e responda às perguntas a seguir.

1 Neemias ignora a oposição

Neemias 6:1-15

[1] *Quando Sambalate, Tobias, Gesém, o árabe, e o restante de nossos inimigos souberam que eu havia reconstruído o muro e que não havia ficado nenhuma brecha, embora até então eu ainda não tivesse colocado as portas nos seus lugares,* [2] *Sambalate e Gesém mandaram-me a seguinte mensagem: "Venha, vamos nos encontrar num dos povoados da planície de Ono".*

Eles, contudo, estavam tramando fazer-me mal; [3] *por isso enviei-lhes mensageiros com esta resposta: "Estou executando um grande projeto e não posso descer. Por que parar a obra para ir encontrar-me com vocês?"* [4] *Eles me mandaram quatro vezes a mesma mensagem, e todas as vezes lhes dei a mesma resposta.*

[5] *Então, na quinta vez, Sambalate mandou-me um dos seus homens de confiança com a mesma mensagem; ele tinha na mão uma carta aberta* [6] *em que estava escrito:*

LIÇÃO 8: FOCO

"Dizem entre as nações, e Gesém diz que é verdade, que você e os judeus estão tramando uma revolta e que, por isso, estão reconstruindo o muro. Além disso, conforme dizem, você está na iminência de se tornar o rei deles, ⁷ e até nomeou profetas para fazerem em Jerusalém a seguinte proclamação a seu respeito: 'Há um rei em Judá!' Ora, essa informação será levada ao rei; por isso, vamos conversar."

⁸ Eu lhe mandei esta resposta: Nada disso que você diz está acontecendo; é pura invenção sua.

⁹ Estavam todos tentando intimidar-nos, pensando: "Eles serão enfraquecidos e não concluirão a obra".

Eu, porém, orei pedindo: Fortalece agora as minhas mãos!

¹⁰ Um dia fui à casa de Semaías, filho de Delaías, neto de Meetabel, que estava trancado portas adentro. Ele disse: "Vamos encontrar-nos na casa de Deus, no templo, a portas fechadas, pois estão querendo matá-lo; eles virão esta noite".

¹¹ Todavia, eu lhe respondi: Acha que um homem como eu deveria fugir? Alguém como eu deveria entrar no templo para salvar a vida? Não, eu não irei! ¹² Percebi que Deus não o tinha enviado, e que ele tinha profetizado contra mim porque Tobias e Sambalate o tinham contratado. ¹³ Ele tinha sido pago para me intimidar, a fim de que eu cometesse um pecado agindo daquela maneira, e então eles poderiam difamar-me e desacreditar-me.

¹⁴ Lembra-te do que fizeram Tobias e Sambalate, meu Deus, lembra-te também da profetisa Noadia e do restante dos profetas que estão tentando me intimidar.

¹⁵ O muro ficou pronto no vigésimo quinto dia de elu, em cinquenta e dois dias.

Perguntas para estudo

1. De quantas maneiras diferentes nessa passagem os inimigos de Neemias tentaram impedi-lo de reconstruir os muros e as portas de Jerusalém? Quais formas foram essas?

   _____

   _____

   _____

   _____

2. Qual era a atitude de Neemias em relação a cada tentativa?

_____

_____

_____

_____

3. O que você acha que motivava os inimigos de Neemias?

_____

_____

_____

_____

4. O que motivava e capacitava Neemias a se manter firme e concentrado em resposta aos seus inimigos?

_____

_____

_____

_____

2 Jesus ajuda Pedro a recuperar o foco

João 21: 1-22

[1] *Depois disso Jesus apareceu novamente aos seus discípulos, à margem do mar de Tiberíades. Foi assim:* [2] *Estavam juntos Simão Pedro; Tomé, chamado Dídimo; Natanael, de Caná da Galileia; os filhos de Zebedeu; e dois outros discípulos.* [3] *"Vou pescar", disse-lhes Simão Pedro. E eles disseram: "Nós vamos com você". Eles foram e entraram no barco, mas naquela noite não pegaram nada.*

[4] *Ao amanhecer, Jesus estava na praia, mas os discípulos não o reconheceram.*

[5] *Ele lhes perguntou: "Filhos, vocês têm algo para comer?" Eles responderam que não.*

[6] *Ele disse: "Lancem a rede do lado direito do barco e vocês encontrarão". Eles a lançaram, e não conseguiam recolher a rede, tal era a quantidade de peixes.*

LIÇÃO 8: FOCO

⁷ O discípulo a quem Jesus amava disse a Pedro: "É o Senhor!" Simão Pedro, ouvindo-o dizer isso, vestiu a capa, pois a havia tirado, e lançou-se ao mar. ⁸ Os outros discípulos vieram no barco, arrastando a rede cheia de peixes, pois estavam apenas a cerca de noventa metros da praia. ⁹ Quando desembarcaram, viram ali uma fogueira, peixe sobre brasas, e um pouco de pão.

¹⁰ Disse-lhes Jesus: "Tragam alguns dos peixes que acabaram de pescar".

¹¹ Simão Pedro entrou no barco e arrastou a rede para a praia. Ela estava cheia: tinha cento e cinquenta e três grandes peixes. Embora houvesse tantos peixes, a rede não se rompeu. ¹² Jesus lhes disse: "Venham comer". Nenhum dos discípulos tinha coragem de lhe perguntar: "Quem és tu?" Sabiam que era o Senhor. ¹³ Jesus aproximou-se, tomou o pão e o deu a eles, fazendo o mesmo com o peixe. ¹⁴ Esta foi a terceira vez que Jesus apareceu aos seus discípulos, depois que ressuscitou dos mortos.

¹⁵ Depois de comerem, Jesus perguntou a Simão Pedro: "Simão, filho de João, você me ama mais do que estes?"

Disse ele: "Sim, Senhor, tu sabes que te amo".

Disse Jesus: "Cuide dos meus cordeiros".

¹⁶ Novamente Jesus disse: "Simão, filho de João, você me ama?"

Ele respondeu: "Sim, Senhor, tu sabes que te amo".

Disse Jesus: "Pastoreie as minhas ovelhas".

¹⁷ Pela terceira vez, ele lhe disse: "Simão, filho de João, você me ama?"

Pedro ficou magoado por Jesus lhe ter perguntado pela terceira vez "Você me ama?" e lhe disse: "Senhor, tu sabes todas as coisas e sabes que te amo".

Disse-lhe Jesus: "Cuide das minhas ovelhas. ¹⁸ Digo-lhe a verdade: Quando você era mais jovem, vestia-se e ia para onde queria; mas quando for velho, estenderá as mãos e outra pessoa o vestirá e o levará para onde você não deseja ir". ¹⁹ Jesus disse isso para indicar o tipo de morte com a qual Pedro iria glorificar a Deus. E então lhe disse: "Siga-me!"

²⁰ Pedro voltou-se e viu que o discípulo a quem Jesus amava os seguia. (Este era o que estivera ao lado de Jesus durante a ceia e perguntara: "Senhor, quem te irá trair?") ²¹ Quando Pedro o viu, perguntou: "Senhor, e quanto a ele?"

²² Respondeu Jesus: "Se eu quiser que ele permaneça vivo até que eu volte, o que lhe importa? Quanto a você, siga-me!".

103

Perguntas para estudo

1. Você acredita que Pedro voltou a pescar como uma ocupação definitiva ou será que ele e os seus companheiros estavam pescando por coincidência quando Jesus os visitou? Explique.

   _____

   _____

   _____

   _____

2. Por que você acredita que Jesus escolheu fazer a rede deles encher de peixes até transbordar?

   _____

   _____

   _____

   _____

3. Você acha que Pedro tinha dificuldade de manter-se focado? Qual evidência nessa passagem bíblica dá embasamento à sua opinião? Quais outras coisas você já leu sobre ele e que dão suporte à sua opinião?

   _____

   _____

   _____

   _____

   _____

4. Por que Jesus fez a pergunta a Pedro três vezes? Funcionou?

   _____

   _____

   _____

   _____

LIÇÃO 8: FOCO

3 Paulo põe sua vida em perspectiva

Filipenses 3:7-14

7 Mas o que para mim era lucro, passei a considerar como perda, por causa de Cristo. 8 Mais do que isso, considero tudo como perda, comparado com a suprema grandeza do conhecimento de Cristo Jesus, meu Senhor, por quem perdi todas as coisas. Eu as considero como esterco para poder ganhar Cristo 9 e ser encontrado nele, não tendo a minha própria justiça que procede da Lei, mas a que vem mediante a fé em Cristo, a justiça que procede de Deus e se baseia na fé. 10 Quero conhecer Cristo, o poder da sua ressurreição e a participação em seus sofrimentos, tornando-me como ele em sua morte 11 para, de alguma forma, alcançar a ressurreição dentre os mortos.

12 Não que eu já tenha obtido tudo isso ou tenha sido aperfeiçoado, mas prossigo para alcançá-lo, pois para isso também fui alcançado por Cristo Jesus. 13 Irmãos, não penso que eu mesmo já o tenha alcançado, mas uma coisa faço: esquecendo-me das coisas que ficaram para trás e avançando para as que estão adiante, 14 prossigo para o alvo, a fim de ganhar o prêmio do chamado celestial de Deus em Cristo Jesus.

Perguntas para estudo

1. O que Paulo queria dizer quando mencionava que as coisas que ele considerava ganhos são agora perdas?

_____

_____

_____

_____

_____

_____

_____

21 QUALIDADES DE LÍDERES DA BÍBLIA

2. Como sua constatação está relacionada à temática do foco? Como sua constatação se relaciona ao tema das prioridades? Será que estes dois assuntos são diferentes?

_____
_____
_____
_____
_____

3. Em que Paulo diz que está focando? Qual o seu foco? Por quê?

_____
_____
_____
_____
_____

4. De que forma o foco de Paulo está relacionado à sua liderança?

_____
_____
_____
_____
_____

REFLEXÃO E *INSIGHTS* DE LIDERANÇA

Você se identifica com algum dos líderes nas passagens bíblicas? Se sim, qual deles, e por quê?

_____
_____
_____
_____
_____
_____

LIÇÃO 8: FOCO

De que maneira os três líderes dessas passagens bíblicas conseguiram se manter focados? Você pode tender a atribuir a habilidade deles ao chamado de Deus em suas vidas, mas isso não explica tudo. Todo indivíduo que acredita em Deus e escolhe segui-lo pode dizer que tem um chamado de Deus em sua vida, ainda que muitos não consigam manter foco suficiente para atingir completamente os propósitos de Deus. O que deu a força necessária para que esses líderes fossem efetivos nos seus respectivos planos?

_____

_____

_____

_____

PARTINDO PARA AÇÃO

Em qual área de sua vida ou do exercício da liderança Deus o está convidando a aprimorar a capacidade de foco?

_____

_____

_____

Como a melhoria nesta área pode beneficiar a você e aos outros?

_____

_____

_____

Qual passo concreto e imediato você vai dar para melhorar? Quando você dará este passo?

_____

_____

_____

Perguntas para discussão em grupo

1. A resposta de Neemias a Sambalate, Tobias e Gesém, o árabe, demonstrou um certo desdém. Até que ponto você acha que os comentários deles incomodaram Neemias?

2. O que teria acontecido se Neemias tivesse sido distraído pelos seus inimigos? Os muros que se mantinham em ruínas por mais de 100 anos teriam sido reconstruídos em apenas 52 dias? Explique sua resposta.

3. Por que será que Jesus dirigiu sua pergunta apenas a Pedro, uma vez que outros discípulos estavam ali com ele pescando?

4. Paulo teve uma vida cheia de realizações. Por que ele reputaria tudo como "perda" (Filipenses 3:8)? Como a forma de pensar de Paulo afeta seu pensamento?

5. Para cada um desses líderes, os catalisadores que os ajudaram a manter o foco foram externos, internos ou ambos? Explique.

6. Quais catalisadores ou fatores de motivação você busca ou quais práticas segue para se manter focado? Em quais áreas de sua vida esses catalisadores te ajudam? Em quais áreas seus efeitos são ínfimos?

7. De que maneira você precisa mudar para apurar o foco em realizar aquilo que Deus deseja que você faça? Quando e o que você fará a fim de operar essa mudança?

LIÇÃO 9

GENEROSIDADE

A Sua Vela não Perde o Brilho
Quando Acende uma Outra

A QUALIDADE DEFINIDA

Nada fala mais alto aos integrantes de uma equipe ou os beneficia mais do que a generosidade de seu líder. A generosidade verdadeira transmite a mensagem de que o líder se importa com o bem-estar das pessoas e não é movido pelo egoísmo. Isso edifica tanto a lealdade quanto o bom ânimo. Dessa forma os subordinados tendem a reagir com disposição para retribuir os esforços do líder. As pessoas não se importam com o quanto você sabe até descobrirem o quanto você se importa com elas. A generosidade é uma demonstração cabal do quanto o líder se importa com os outros.

Alguns são naturalmente mais generosos que outros. Mas qualquer um é capaz de desenvolver essa qualidade. O primeiro passo é uma mudança de perspectiva. Líderes generosos são satisfeitos. Eles não estão preocupados em obter ou angariar riquezas. Em vez disso, sentem-se felizes e agradecidos pelo que têm. Eles enxergam o dinheiro como uma bênção e, como resultado, não se apegam a ele

Líderes generosos sempre valorizam mais as pessoas do que os seus bens. Eles colocam seus comandados em primeiro lugar. Além disso, eles enxergam o dinheiro pelo que de fato é: um recurso ou ferramenta. Eles compreendem que o valor do dinheiro vem do fato de facilitar o avanço rumo a missões mais importantes. Como resultado dessa visão, eles não são subjugados pelo dinheiro, mas o utilizam para servir o povo dentro do seu propósito.

A melhor maneira de se tornar mais generoso é se tornar mais consistente na prática da generosidade. Transforme-a em um hábito. A quantidade dada não é tão importante quanto o ato de doar. Encontre maneiras de ser generoso todos os dias, e você se beneficiará tanto como líder quanto como pessoa. E não limite sua generosidade ao dinheiro. Ofereça seu tempo, conhecimento, assim como recursos. O escritor John Bunyan disse "você ainda não viveu o dia de hoje se ainda não fez algo por alguém que nunca poderá fazer nada para te retribuir". Viva em um nível mais elevado exercitando a generosidade. Doar-se é o mais alto nível da existência.

ESTUDOS DE CASO

Leia esses estudos de caso da Bíblia e responda às perguntas a seguir.

1 Boaz dá de bom grado

Rute 2:1-18

[1] *Noemi tinha um parente por parte do marido. Era um homem rico e influente, pertencia ao clã de Elimeleque e chamava-se Boaz.*

[2] *Rute, a moabita, disse a Noemi: "Vou recolher espigas no campo daquele que me permitir".*

"Vá, minha filha", respondeu-lhe Noemi. [3] *Então ela foi e começou a recolher espigas atrás dos ceifeiros. Casualmente entrou justo na parte da plantação que pertencia a Boaz, que era do clã de Elimeleque.*

[4] *Naquele exato momento, Boaz chegou de Belém e saudou os ceifeiros: "O Senhor esteja com vocês!"*

Eles responderam: "O Senhor te abençoe!"

[5] *Boaz perguntou ao capataz dos ceifeiros: "A quem pertence aquela moça?"*

[6] *O capataz respondeu: "É uma moabita que voltou de Moabe com Noemi.* [7] *Ela me pediu que a deixasse recolher e juntar espigas entre os feixes, após os ceifeiros. Ela chegou cedo e está em pé até agora. Só se sentou um pouco no abrigo".*

[8] *Disse então Boaz a Rute: "Ouça bem, minha filha, não vá colher noutra lavoura, nem se afaste daqui. Fique com minhas servas.* [9] *Preste atenção onde os homens estão ceifando, e vá atrás das moças que vão colher. Darei ordem aos rapazes para que não toquem em você. Quando tiver sede, beba da água dos potes que os rapazes encheram".*

LIÇÃO 9: GENEROSIDADE

¹⁰ Ela inclinou-se e, prostrada, rosto em terra, exclamou: "Por que achei favor a seus olhos, ao ponto de o senhor se importar comigo, uma estrangeira?"

¹¹ Boaz respondeu: "Contaram-me tudo o que você tem feito por sua sogra, depois que você perdeu o seu marido: como deixou seu pai, sua mãe e sua terra natal para viver com um povo que você não conhecia bem. ¹² O Senhor lhe retribua o que você tem feito! Que seja ricamente recompensada pelo Senhor, o Deus de Israel, sob cujas asas você veio buscar refúgio!"

¹³ E disse ela: "Continue eu a ser bem acolhida, meu senhor! O senhor me deu ânimo e encorajou sua serva – e eu sequer sou uma de suas servas!"

¹⁴ Na hora da refeição, Boaz lhe disse: "Venha cá! Pegue um pedaço de pão e molhe-o no vinagre".

Quando ela se sentou junto aos ceifeiros, Boaz lhe ofereceu grãos tostados. Ela comeu até ficar satisfeita e ainda sobrou. ¹⁵ Quando ela se levantou para recolher espigas, Boaz deu estas ordens a seus servos: "Mesmo que ela recolha entre os feixes, não a repreendam! ¹⁶ Ao contrário, quando estiverem colhendo, tirem para ela algumas espigas dos feixes e deixem-nas cair para que ela as recolha, e não a impeçam".

¹⁷ E assim Rute colheu na lavoura até o entardecer. Depois debulhou o que tinha ajuntado: quase uma arroba de cevada. ¹⁸ Carregou-a para o povoado, e sua sogra viu quanto Rute havia recolhido quando ela lhe ofereceu o que havia sobrado da refeição.

Perguntas para estudo

1. Deus tinha dito ao seu povo. "Quando fizerem a colheita da sua terra, não colham até as extremidades da sua lavoura, nem ajuntem as espigas caídas da tua colheita. Deixem-nas para o necessitado e o estrangeiro" (Levítico 23:22). Nessa passagem, Boaz estava simplesmente obedecendo a Deus, ou estava sendo generoso? Explique.

_____

_____

_____

_____

111

2. Por que Boaz agiu da forma como agiu?

_____

_____

_____

_____

_____

3. O que será que os empregados de Boaz acharam de suas ações? A estima que eles demonstravam por ele foi reduzida ou aumentada por conta do que ele fez? Por quê?

_____

_____

_____

_____

2 O intento do coração generoso

Atos 4:32-37

[32] *Da multidão dos que creram, uma era a mente e um o coração. Ninguém considerava unicamente sua coisa alguma que possuísse, mas compartilhavam tudo o que tinham.* [33] *Com grande poder os apóstolos continuavam a testemunhar da ressurreição do Senhor Jesus, e grandiosa graça estava sobre todos eles.* [34] *Não havia pessoas necessitadas entre eles, pois os que possuíam terras ou casas as vendiam, traziam o dinheiro da venda* [35] *e o colocavam aos pés dos apóstolos, que o distribuíam segundo a necessidade de cada um.*

[36] *José, um levita de Chipre a quem os apóstolos deram o nome de Barnabé, que significa "encorajador",* [37] *vendeu um campo que possuía, trouxe o dinheiro e o colocou aos pés dos apóstolos.*

Atos 5:1-11

[1] *Um homem chamado Ananias, com Safira, sua mulher, também vendeu uma propriedade.* [2] *Ele reteve parte do dinheiro para si, sabendo disso também sua mulher; e o restante levou e colocou aos pés dos apóstolos.*

LIÇÃO 9: GENEROSIDADE

³ *Então perguntou Pedro: "Ananias, como você permitiu que Satanás enchesse o seu coração, ao ponto de você mentir ao Espírito Santo e guardar para si uma parte do dinheiro que recebeu pela propriedade?* ⁴ *Ela não lhe pertencia? E, depois de vendida, o dinheiro não estava em seu poder? O que o levou a pensar em fazer tal coisa? Você não mentiu aos homens, mas sim a Deus".*

⁵ *Ouvindo isso, Ananias caiu morto. Grande temor apoderou-se de todos os que ouviram o que tinha acontecido.* ⁶ *Então os moços vieram, envolveram seu corpo, levaram-no para fora e o sepultaram.*

⁷ *Cerca de três horas mais tarde, entrou sua mulher, sem saber o que havia acontecido.* ⁸ *Pedro lhe perguntou: "Diga-me, foi esse o preço que vocês conseguiram pela propriedade?"*

Respondeu ela: "Sim, foi esse mesmo".

⁹ *Pedro lhe disse: "Por que vocês entraram em acordo para tentar o Espírito do Senhor? Veja! Estão à porta os pés dos que sepultaram seu marido, e eles a levarão também".*

¹⁰ *Naquele mesmo instante, ela caiu morta aos pés dele. Então os moços entraram e, encontrando-a morta, levaram-na e a sepultaram ao lado de seu marido.* ¹¹ *E grande temor apoderou-se de toda a igreja e de todos os que ouviram falar desses acontecimentos.*

Perguntas para estudo

1. O que você acha que motivou José, também chamado Barnabé, quando ele vendeu sua propriedade e trouxe os proventos da venda aos apóstolos?

21 QUALIDADES DE LÍDERES DA BÍBLIA

2. Por que Pedro confrontou Ananias quando ele trouxe dinheiro aos apóstolos após vender sua propriedade? Qual foi a diferença entre a atitude dele e a de José? Por que a decisão de Ananias não foi generosa e aceitável?

_____

_____

_____

_____

3. Qual foi o pecado de Ananias? Qual foi o de Safira? O que Ananias e Safira poderiam ter feito de diferente para evitar o destino que tiveram?

_____

_____

_____

_____

4. Por que você acha que Ananias e Safira foram punidos tão duramente? Você acha que Pedro pediu a Deus para acabar com eles? Ou acredita que ele simplesmente sabia que Deus tinha intenção de puni-los desta maneira?

_____

_____

_____

_____

3 Paulo estimula a generosidade

2Coríntios 8:1-15

¹ Agora, irmãos, queremos que vocês tomem conhecimento da graça que Deus concedeu às igrejas da Macedônia. ² No meio da mais severa tribulação, a grande alegria e a extrema pobreza deles transbordaram em rica generosidade. ³ Pois dou testemunho de que eles deram tudo quanto podiam, e até além do que podiam. Por iniciativa própria ⁴ eles nos suplicaram insistentemente o privilégio de participar da assistência

LIÇÃO 9: GENEROSIDADE

aos santos. ⁵ E não somente fizeram o que esperávamos, mas entregaram-se primeiramente a si mesmos ao Senhor e, depois, a nós, pela vontade de Deus. ⁶ Assim, recomendamos a Tito que, assim como ele já havia começado, também completasse esse ato de graça da parte de vocês. ⁷ Todavia, assim como vocês se destacam em tudo: na fé, na palavra, no conhecimento, na dedicação completa e no amor que vocês têm por nós, destaquem-se também neste privilégio de contribuir.

⁸ Não lhes estou dando uma ordem, mas quero verificar a sinceridade do amor de vocês, comparando-o com a dedicação dos outros. ⁹ Pois vocês conhecem a graça de nosso Senhor Jesus Cristo que, sendo rico, se fez pobre por amor de vocês, para que por meio de sua pobreza vocês se tornassem ricos.

¹⁰ Este é meu conselho: convém que vocês contribuam, já que desde o ano passado vocês foram os primeiros, não somente a contribuir, mas também a propor esse plano. ¹¹ Agora, completem a obra, para que a forte disposição de realizá-la seja igualada pelo zelo em concluí-la, de acordo com os bens que vocês possuem. ¹² Porque, se há prontidão, a contribuição é aceitável de acordo com aquilo que alguém tem, e não de acordo com o que não tem.

¹³ Nosso desejo não é que outros sejam aliviados enquanto vocês são sobrecarregados, mas que haja igualdade. ¹⁴ No presente momento, a fartura de vocês suprirá a necessidade deles, para que, por sua vez, a fartura deles supra a necessidade de vocês. Então haverá igualdade, ¹⁵ como está escrito: "Quem tinha recolhido muito não teve demais, e não faltou a quem tinha recolhido pouco".

Perguntas para estudo

1. Qual o papel da riqueza na generosidade? E o papel da atitude? Qual o mais importante?

_____

_____

_____

_____

2. Por que será que Paulo admoesta o povo de Corinto para finalizar o trabalho de doação?

3. Qual a importância de entregar-se para Deus antes de ser generoso com as outras pessoas?

Reflexão e *INSIGHTS* de liderança

Quais fatores devem ser levados em consideração quando se trata de generosidade? Quão importante é a situação financeira? Como isso se refletiu na doação dos líderes nessas passagens bíblicas?

Qual a importância da atitude?

LIÇÃO 9: GENEROSIDADE

Qual a importância da oportunidade e da necessidade? Será que existem outros fatores em jogo? Se sim, quais são eles?

_____

_____

_____

_____

_____

Como você resumiria em uma frase a filosofia bíblica da generosidade?

_____

_____

_____

_____

PARTINDO PARA AÇÃO

Em que área você não está colocando em prática o exercício da generosidade da forma como poderia ou deveria fazer? Onde está sendo insuficiente? Como você pode se tornar um líder mais generoso?

_____

_____

_____

_____

_____

O que você pode fazer como prática diária para os próximos 30 dias para se tornar mais generoso?

_____

_____

_____

_____

_____

Perguntas para discussão em grupo

1. De que forma Boaz cumpriu a lei estabelecida em Levítico 23:22? De que forma ele foi além da lei?

2. Como você caracterizaria a reação de Rute para com Boaz? Será que as atitudes de Boaz teriam mudado se a reação dela tivesse sido diferente? Se você estivesse no lugar dele, suas atitudes teriam mudado?

3. Você acha que a punição de Ananias e Safira se deu à altura do crime que eles cometeram? Explique.

4. Por que você acha que Paulo escreveu aos coríntios sobre doação e generosidade? Por que ele incluiu o que disse sobre Jesus?

5. De que maneira a generosidade ou a ausência dela influencia na habilidade de um líder para agir com eficiência? Explique.

6. Qual o maior aprendizado sobre generosidade que você absorveu desta lição?

7. Que atitude você vai tomar para ser mais generoso? Quando e como pretende tomá-la?

LIÇÃO 10

INICIATIVA
SEM ELA VOCÊ NEM CONSEGUE SAIR DE CASA

A QUALIDADE DEFINIDA

Líderes têm iniciativa. Alguém sempre tem que ser o primeiro a fazer algo, e quem toma a dianteira normalmente é visto como o líder. Ter iniciativa é ir além de simplesmente perceber a existência de um problema ou de uma necessidade. Líderes de sucesso tomam iniciativa em relação ao que veem – normalmente antes de qualquer outra pessoa. Isso acontece de forma mais automática quando se trata de alguns tipos de personalidade. Mas até as pessoas mais inclinadas à contemplação podem aprender a ter iniciativa.

Líderes eficientes estão sempre à procura de oportunidades. Sabem o que querem e enxergam tudo pelas lentes da oportunidade. Até mesmo em meio a dificuldades e insucessos, eles perguntam a si mesmos: "Como posso utilizar esta situação para avançar ainda mais em direção ao objetivo?" E uma vez que identificam uma oportunidade, eles imediatamente procuram maneiras de aproveitá-la. São decididos e se recusam a desistir ou ceder por conta de "paralisia analítica". Após decidirem agir, eles não esperam que ninguém os motive. Eles impõem a si mesmos a necessidade de agir, mesmo que isso os retire da zona de conforto.

Para ser bem-sucedido na arte de tomar a iniciativa, líderes precisam enfrentar e superar o medo de errar. Eles entendem que é possível que erros aconteçam, e por isso avaliam os riscos com precisão. Daí eles partem para a ação de forma consciente. Uma razão para esta conduta é que eles conhecem o preço a ser pago quando alguém se recusa a tomar decisões. Normalmente, a negligência custa mais caro do que uma decisão imperfeita. E não tomar uma decisão normalmente significa o mesmo que ter de seguir decisões tomadas por outras pessoas de acordo com os interesses delas.

A boa notícia quando se trata dos líderes que têm iniciativa é que eles fazem as coisas acontecerem. A má notícia é que eles cometem muitos erros. O fundador da IBM, Thomas J. Watson, disse: "A fórmula para se obter sucesso é duplicar sua taxa de fracasso". Quanto maior o potencial para o sucesso, maior a possibilidade de fracasso. Como dizia o senador Robert Kennedy "somente aqueles que se arriscam a falhar grandemente são capazes de grandes feitos". Se quiser atingir metas ambiciosas como um líder, você precisa estar disposto a se colocar na linha de frente e a desbravar novos horizontes.

Estudos de caso

Leia esses estudos de caso da Bíblia e responda às perguntas a seguir.

1 A ousadia de Noé

Gênesis 6:9-22

9 Esta é a história da família de Noé:

Noé era homem justo, íntegro entre o povo da sua época; ele andava com Deus. 10 Noé gerou três filhos: Sem, Cam e Jafé.

11 Ora, a terra estava corrompida aos olhos de Deus e cheia de violência. 12 Ao ver como a terra se corrompera, pois toda a humanidade havia corrompido a sua conduta, 13 Deus disse a Noé: "Darei fim a todos os seres humanos, porque a terra encheu-se de violência por causa deles. Eu os destruirei com a terra. 14 Você, porém, fará uma arca de madeira de cipreste; divida-a em compartimentos e revista-a de piche por dentro e por fora. 15 Faça-a com cento e trinta e cinco metros de comprimento, vinte e dois metros e meio de largura e treze metros e meio de altura. 16 Faça-lhe um teto com um vão de quarenta e cinco centímetros entre o teto e corpo da arca. Coloque uma porta lateral na arca e faça um andar superior, um médio e um inferior".

17 "Eis que vou trazer águas sobre a terra, o Dilúvio, para destruir debaixo do céu toda criatura que tem fôlego de vida. Tudo o que há na terra perecerá. 18 Mas com você estabelecerei a minha aliança, e você

LIÇÃO 10: INICIATIVA

entrará na arca com seus filhos, sua mulher e as mulheres de seus filhos.
¹⁹ Faça entrar na arca um casal de cada um dos seres vivos, macho e
fêmea, para conservá-los vivos com você. ²⁰ De cada espécie de ave, de
cada espécie de animal grande e de cada espécie de animal pequeno que
se move rente ao chão virá um casal a você para que sejam conservados
vivos. ²¹ E armazene todo tipo de alimento, para que você e eles tenham
mantimento".
²² Noé fez tudo exatamente como Deus lhe tinha ordenado.

Gênesis 7:1-5

¹ Então o Senhor disse a Noé: "Entre na arca, você e toda a sua família,
porque você é o único justo que encontrei nesta geração. ² Leve com você
sete casais de cada espécie de animal puro, macho e fêmea, e um casal
de cada espécie de animal impuro, macho e fêmea, ³ e leve também sete
casais de aves de cada espécie, macho e fêmea, a fim de preservá-las em
toda a terra. ⁴ Daqui a sete dias farei chover sobre a terra quarenta dias
e quarenta noites, e farei desaparecer da face da terra todos os seres
vivos que fiz".
⁵ E Noé fez tudo como o Senhor lhe tinha ordenado.

Perguntas para estudo

1. Como será que Noé se sentiu quando Deus descreveu o Dilúvio e
    deu a ele instruções sobre o que precisava ser feito em preparação
    para o que viria?

    _____

    _____

    _____

    _____

    _____

    _____

2. A passagem bíblica simplesmente diz: "Noé fez tudo exatamente
    como Deus lhe tinha ordenado" (6:22, veja também 7:15).

Faça uma lista das iniciativas que você imagina que Noé teve de tomar de modo a cumprir as instruções de Deus. O que ele precisou compreender e fazer como um líder?

_____

_____

_____

_____

_____

_____

_____

3. Como você acha que foi a conversa entre Noé, sua mulher, seus três filhos e suas esposas, quando ele deu início ao projeto da arca? Qual teria sido a reação de sua família quando chegou a hora de juntar os animais ou no momento em que Noé solicitou que todos entrassem dentro da arca antes da chuva?

_____

_____

_____

_____

_____

_____

4. Quais habilidades de liderança Noé precisou para completar sua tarefa? Liste-as.

_____

_____

_____

_____

_____

_____

LIÇÃO 10: INICIATIVA

2 Isaías se apresenta

Isaías 6:1-13

[1] *No ano em que o rei Uzias morreu, eu vi o Senhor assentado num trono alto e exaltado, e a aba de sua veste enchia o templo.* [2] *Acima dele estavam serafins; cada um deles tinha seis asas: com duas cobriam o rosto, com duas cobriam os pés e com duas voavam.* [3] *E proclamavam uns aos outros:*

"Santo, santo, santo
    é o Senhor dos Exércitos,
    a terra inteira está cheia da sua glória".

[4] *Ao som das suas vozes os batentes das portas tremeram, e o templo ficou cheio de fumaça.*

[5] *Então gritei: Ai de mim! Estou perdido! Pois sou um homem de lábios impuros e vivo no meio de um povo de lábios impuros; os meus olhos viram o Rei, o Senhor dos Exércitos!*

[6] *Logo um dos serafins voou até mim trazendo uma brasa viva, que havia tirado do altar com um tenaz.* [7] *Com ela tocou a minha boca e disse: "Veja, isto tocou os seus lábios; por isso, a sua culpa será removida, e o seu pecado será perdoado".*

[8] *Então ouvi a voz do Senhor, conclamando: "Quem enviarei? Quem irá por nós?"*

E eu respondi: Eis-me aqui. Envia-me!

[9] *Ele disse: "Vá, e diga a este povo:*

"Estejam sempre ouvindo,
    mas nunca entendam;
estejam sempre vendo,
    e jamais percebam.
[10] *Torne insensível o coração deste povo;*
    torne surdos os seus ouvidos
    e feche os seus olhos.
Que eles não vejam com os olhos,
    não ouçam com os ouvidos,
    e não entendam com o coração,
    para que não se convertam
    e sejam curados".

21 QUALIDADES DE LÍDERES DA BÍBLIA

[11] Então eu perguntei:
Até quando, Senhor?
E ele respondeu:
"Até que as cidades estejam em ruínas
e sem habitantes,
até que as casas fiquem abandonadas
e os campos estejam
totalmente devastados,
[12] até que o Senhor tenha enviado
todos para longe
e a terra esteja totalmente desolada.
[13] E ainda que um décimo fique no país,
esses também serão destruídos.
Mas, assim como o terebinto e o carvalho
deixam o tronco quando são derrubados,
assim a santa semente será o seu tronco".

Perguntas para estudo

1. Isaías ficou assustado com o que viu, mas apesar disso ele se colocou à disposição quando Deus procurou alguém para enviar como seu representante. Por quê?

   _____

   _____

   _____

   _____

   _____

2. A tarefa que Deus determinou a Isaías não era agradável; a mensagem não era positiva e encorajadora. Como será que ele se sentiu quando entendeu o que estava à espera dele?

   _____

   _____

   _____

   _____

LIÇÃO 10: INICIATIVA

3. Sabemos com base no restante do livro que leva o seu nome que o profeta Isaías cumpriu a missão determinada por Deus. O que você acha que o sustentou?

_____

_____

_____

_____

3 Tiago exalta o valor da iniciativa

Tiago 2:14-26

[14] *De que adianta, meus irmãos, alguém dizer que tem fé, se não tem obras? Acaso a fé pode salvá-lo?* [15] *Se um irmão ou irmã estiver necessitando de roupas e do alimento de cada dia* [16] *e um de vocês lhe dissesse: "Vá em paz, aqueça-se e alimente-se até satisfazer-se", sem, porém, lhe dar nada, de que adianta isso?* [17] *Assim também a fé, por si só, se não for acompanhada de obras, está morta.*

[18] *Mas alguém dirá: "Você tem fé; eu tenho obras".*

Mostre-me a sua fé sem obras, e eu lhe mostrarei a minha fé pelas obras. [19] *Você crê que existe um só Deus? Muito bem! Até mesmo os demônios creem – e tremem!*

[20] *Insensato! Quer certificar-se de que a fé sem obras é inútil?* [21] *Não foi Abraão, nosso antepassado, justificado por obras, quando ofereceu seu filho Isaque sobre o altar?* [22] *Você pode ver que tanto a fé como as obras estavam atuando juntas, e a fé foi aperfeiçoada pelas obras.* [23] *Cumpriu-se assim a Escritura que diz: "Abraão creu em Deus, e isso lhe foi creditado como justiça", e ele foi chamado amigo de Deus.* [24] *Vejam que uma pessoa é justificada por obras, e não apenas pela fé.*

[25] *Caso semelhante é o de Raabe, a prostituta: não foi ela justificada pelas obras, quando acolheu os espias e os fez sair por outro caminho?* [26] *Assim como o corpo sem espírito está morto, também a fé sem obras está morta.*

21 QUALIDADES DE LÍDERES DA BÍBLIA

Perguntas para estudo

1. Tiago diz que a fé sem as obras é morta e não tem serventia (veja o v. 17). O que você pensa sobre isso?

2. Os crentes não podem agir a cada necessidade que veem ou a cada ideia que têm. De que forma eles devem decidir sobre quando partir para a ação?

3. Qual a aplicação das ideias de Tiago em se tratando de liderança? Como um líder deve decidir quando traduzir uma ideia em ação através da iniciativa?

LIÇÃO 10: INICIATIVA

REFLEXÃO E *INSIGHTS* DE LIDERANÇA

Pense no papel da visão quando se trata de demonstração de iniciativa. Em cada uma das passagens bíblicas, os líderes tiveram experiências diversas com a visão. Noé recebeu uma mensagem diretamente de Deus. Isaías literalmente teve uma visão e reagiu a ela. Tiago escreveu sobre o que via como uma necessidade prática e sobre como atendê-la. Como uma visão normalmente se apresenta a você? E como você a processa?

_____

_____

_____

_____

_____

_____

_____

_____

_____

_____

_____

Quão importante foi a coragem dos líderes para que eles tomassem iniciativas nas passagens que você leu? Até que ponto este fator é importante para você quando precisa agir?

_____

_____

_____

_____

_____

_____

_____

_____

_____

_____

_____

_____

Os líderes das passagens não apenas iniciaram, mas mantiveram ações. Até que ponto você acha que isso foi difícil para eles? Quão difícil costuma ser para você?

_____

_____

_____

_____

_____

_____

_____

_____

_____

_____

_____

PARTINDO PARA AÇÃO

Em que área você reconhece que mais precisa se desenvolver como um líder de modo a se tornar melhor na capacidade de demonstrar iniciativa? Você precisa melhorar a visão? Necessita de mais coragem? Está faltando mais confiança e energia para que consiga terminar as tarefas que você começa? Descreva o que precisa melhorar.

_____

_____

_____

_____

_____

_____

_____

_____

_____

_____

_____

LIÇÃO 10: INICIATIVA

Qual ação vai tomar para melhorar imediatamente nesta área?

Perguntas para discussão em grupo

1. Quais eram a atitude e a mentalidade de Noé enquanto trabalhava na arca?

2. Jesus disse que no tempo de Noé o povo comia, bebia, casava e se dava em casamento até o dia em que Noé adentrou a arca (veja Lucas 17:26-27). Como acha que o povo reagiu ao que Noé estava fazendo? Se estivesse no lugar de Noé, como a reação das pessoas teria influenciado você?

3. O que você acha que teria acontecido se Isaías não tivesse dado um passo à frente e dito "eis me aqui. Envia-me" (Isaías 6:8)?

4. Qual foi sua reação do ponto de vista emocional à afirmação de Tiago de que, se nos depararmos com alguém necessitado de roupas ou comida e apenas desejarmos o bem a esta pessoa sem fazermos nada para ajudar, isso nada vale?

5. À luz dos comentários de Tiago sobre as obras, como você qualificaria o atual estado da sua fé? E da sua liderança?

6. Qual foi seu maior aprendizado espiritual nesta lição? Qual foi seu maior aprendizado sobre liderança?

7. Que ação você acredita que Deus o está tocando para tomar de modo a aperfeiçoar sua capacidade de liderança na área da iniciativa, como resultado desta lição? Quando e como você o fará?

LIÇÃO 11

SABER OUVIR

ÀS VEZES, RECEBER É MELHOR DO QUE DAR

A QUALIDADE DEFINIDA

Você é um bom ouvinte? Sei que quando dei meus primeiros passos no campo da liderança eu não era. Eu estava ocupado demais cuidando das minhas próprias atribuições e tentando fazer as coisas acontecerem. Eu tinha uma visão tão aguçada sobre aonde era possível chegar que tendia a falar mais do que ouvir. Havia muito a dizer e eu sabia que isso beneficiaria meus colegas de equipe. Mas eu aprendi rapidinho que a minha falta de vontade ou disposição para ouvir com atenção estava enfraquecendo a relação com os meus colaboradores. E justamente porque não costumava pedir ou dar muita importância às informações que vinham dos outros, eu estava perdendo oportunidades valiosas de aprender e tirar proveito da sabedoria das outras pessoas.

A comunicação é uma via de mão dupla. Falar e ouvir são igualmente importantes se as pessoas quiserem se conectar. E conexão é crucial para a efetividade da liderança, porque não se segue um líder de forma voluntária se não existe uma ligação com ele. Como costumo dizer, líderes tocam o coração antes de pedir uma mão. Antes que líderes possam tocar corações, eles precisam saber o que existe dentro deles. Ao transformar o ato de ouvir em uma prioridade, é possível entender melhor as pessoas. Seus desejos e preocupações. Assim é possível atendê-las naquilo que elas mais precisam. Além disso, ouvir de forma intencional é algo que transmite aos outros a mensagem de que seus sentimentos e informações são importantes.

Além de conexão, saber ouvir conduz ao aprendizado. Líderes sábios entendem que sempre podem aprender algo novo. Duas cabeças pensam melhor do que uma. E muitas mentes tornam o resultado ainda melhor. Ao ouvir de forma atenta as palavras que os outros têm a dizer – desde conselhos e pedidos a reclamações e discordâncias – você recebe informações prontas para serem usadas. Ouvir de forma atenta proporciona dados que ajudam a aperfeiçoar e a refinar a visão e os planos de um líder.

A quem você deve dar ouvidos? Obviamente, bons líderes escutam os seus comandados. Mas eles também ouvem aos que servem a organização em que atuam, especialmente quando estes fazem reclamações. O cofundador da Microsoft, Bill Gates, disse: "Consumidores insatisfeitos são sempre uma preocupação. Mas também são sua maior oportunidade". Líderes eficientes sempre motivam os outros a dizer-lhes aquilo que precisam saber, não apenas o que querem ouvir. Eles aceitam e valorizam pontos de vista conflitantes. Por fim, líderes eficientes prestam muita atenção às palavras de seus mentores. Quando aqueles que estão em um patamar acima compartilham seus conselhos e falhas, isso deve ser encarado como um presente que pode tanto ajudar a evitar os mesmos erros como inspirar na busca de iniciativas bem-sucedidas.

ESTUDOS DE CASO

Leia esses estudos de caso da Bíblia e responda às perguntas a seguir.

1 A importância de ser um bom ouvinte

1Samuel 3:1-21

[1] *O menino Samuel ministrava perante o Senhor, sob a direção de Eli; naqueles dias raramente o Senhor falava, e as visões não eram frequentes.*

[2] *Certa noite, Eli, cujos olhos estavam ficando tão fracos que já não conseguia mais enxergar, estava deitado em seu lugar de costume.* [3] *A lâmpada de Deus ainda não havia se apagado, e Samuel estava deitado no santuário do Senhor, onde se encontrava a arca de Deus.* [4] *Então o Senhor chamou Samuel.*

Samuel respondeu: "Estou aqui". [5] *E correu até Eli e disse: "Estou aqui; o senhor me chamou?"*

Eli, porém, disse: "Não o chamei; volte e deite-se". Então, ele foi e se deitou.

LIÇÃO 11: SABER OUVIR

6 *De novo o Senhor chamou: "Samuel!" E Samuel se levantou e foi até Eli e disse: "Estou aqui; o senhor me chamou?"*

Disse Eli: "Meu filho, não o chamei; volte e deite-se".

7 *Ora, Samuel ainda não conhecia o Senhor. A palavra do Senhor ainda não lhe havia sido revelada.*

8 *O Senhor chamou Samuel pela terceira vez. Ele se levantou, foi até Eli e disse: "Estou aqui; o senhor me chamou?"*

Eli percebeu que o Senhor estava chamando o menino 9 *e lhe disse: "Vá e deite-se; se ele o chamar, diga: 'Fala, Senhor, pois o teu servo está ouvindo'". Então Samuel foi se deitar.*

10 *O Senhor voltou a chamá-lo como nas outras vezes: "Samuel, Samuel!"*

Samuel disse: "Fala, pois o teu servo está ouvindo".

11 *E o Senhor disse a Samuel: "Vou realizar em Israel algo que fará tinir os ouvidos de todos os que ficarem sabendo.* 12 *Nessa ocasião executarei contra Eli tudo o que falei contra sua família, do começo ao fim.* 13 *Pois eu lhe disse que julgaria sua família para sempre, por causa do pecado dos seus filhos, do qual ele tinha consciência; seus filhos se fizeram desprezíveis, e ele não os puniu.* 14 *Por isso jurei à família de Eli: 'Jamais se fará propiciação pela culpa da família de Eli mediante sacrifício ou oferta'".*

15 *Samuel ficou deitado até de manhã e então abriu as portas da casa do Senhor. Ele teve medo de contar a visão a Eli,* 16 *mas este o chamou e disse: "Samuel, meu filho".*

"Estou aqui", respondeu Samuel.

17 *Eli perguntou: "O que o Senhor lhe disse? Não esconda de mim. Deus o castigue, e o faça com muita severidade, se você esconder de mim qualquer coisa que ele lhe falou".* 18 *Então, Samuel lhe contou tudo, e nada escondeu. Então Eli disse: "Ele é o Senhor; que faça o que lhe parecer melhor".*

19 *Enquanto Samuel crescia, o Senhor estava com ele, e fazia com que todas as suas palavras se cumprissem.* 20 *Todo o Israel, desde Dã até Berseba, reconhecia que Samuel estava confirmado como profeta do Senhor.* 21 *O Senhor continuou aparecendo em Siló, onde havia se revelado a Samuel por meio de sua palavra.*

21 QUALIDADES DE LÍDERES DA BÍBLIA

Perguntas para estudo

1. Por que Samuel levou tanto tempo para entender que o Senhor estava falando com ele? Por que Eli levou tanto tempo?

2. Quais lições sobre a importância de saber ouvir Samuel aprendeu nesta passagem? E que lições Eli absorveu?

3. A passagem bíblica indica que Deus continuou a falar com Samuel após a sua infância. Por que será que isso aconteceu? O que tornou essa condição possível?

4. A passagem diz que Deus "fazia com que todas as palavras de Samuel se cumprissem" (v. 19), ou seja, tudo o que ele dizia sempre era confiável. Qual efeito você acredita que isso teve na disposição do povo para ouvir Samuel?

LIÇÃO 11: SABER OUVIR

2 Ouvinte inconsistente

2Crônicas 25:1-2, 5-24, 27-28

¹ Amazias tinha vinte e cinco anos de idade quando começou a reinar, e reinou vinte e nove anos em Jerusalém. O nome de sua mãe era Jeoadã; ela era de Jerusalém. ² Ele fez o que o Senhor aprova, mas não de todo o coração...

⁵ Amazias reuniu os homens de Judá e, de acordo com as suas respectivas famílias, nomeou chefes de mil e de cem em todo o Judá e Benjamim. Então convocou todos os homens com mais de vinte anos e constatou que havia trezentos mil homens prontos para o serviço militar, capazes de empunhar a lança e o escudo. ⁶ Também contratou em Israel cem mil homens de combate pelo valor de três toneladas e meia de prata.

⁷ Entretanto, um homem de Deus foi até ele e lhe disse: "Ó rei, essas tropas de Israel não devem marchar com você, pois o Senhor não está com Israel; não está com ninguém do povo de Efraim. ⁸ Mesmo que vá e combata corajosamente, Deus o derrotará diante do inimigo, pois tem poder para dar a vitória e a derrota".

⁹ Amazias perguntou ao homem de Deus: "Mas, e as três toneladas e meia de prata que paguei a estas tropas israelitas?"

Ele respondeu: "O Senhor pode dar-lhe muito mais que isso".

¹⁰ Então Amazias mandou de volta os soldados de Efraim. Eles ficaram furiosos com Judá e foram embora indignados.

¹¹ Amazias se encheu de coragem e conduziu o seu exército até o vale do Sal, onde matou dez mil homens de Seir. ¹² Também capturou outros dez mil, que levou para o alto de um penhasco e os atirou de lá, e todos eles se espatifaram.

¹³ Enquanto isso, as tropas que Amazias havia mandado de volta, não lhes permitindo participar da guerra, atacaram cidades de Judá, desde Samaria até Bete-Horom. Mataram três mil pessoas e levaram grande quantidade de despojos.

¹⁴ Amazias voltou da matança dos edomitas trazendo os deuses do povo de Seir, os quais estabeleceu como seus próprios deuses, inclinou-se diante deles e lhes queimou incenso. ¹⁵ Então a ira do Senhor acendeu-se contra Amazias, e ele lhe enviou um profeta, que disse ao rei: "Por que você consulta os deuses desse povo, deuses que nem o seu povo puderam salvar?"

21 QUALIDADES DE LÍDERES DA BÍBLIA

¹⁶ Enquanto ele ainda falava, o rei o interrompeu: "Por acaso nós o nomeamos conselheiro do rei? Pare! Por que você quer ser morto?"

O profeta parou, mas disse: "Sei que Deus decidiu destruí-lo, porque você fez tudo isso e não deu atenção ao meu conselho".

¹⁷ Depois de consultar os seus conselheiros, Amazias, rei de Judá, enviou mensageiros a Jeoás, filho de Jeoacaz e neto de Jeú, rei de Israel, com este desafio: "Vem me enfrentar".

¹⁸ Contudo, Jeoás, respondeu a Amazias: "O espinheiro do Líbano enviou uma mensagem ao cedro do Líbano: 'Dê sua filha em casamento a meu filho'. Mas um animal selvagem do Líbano veio e pisoteou o espinheiro. ¹⁹ Tu dizes a ti mesmo que derrotaste Edom, e agora estás arrogante e orgulhoso. Mas fica em casa! Por que provocar uma desgraça que te levará, e Judá contigo, à ruína?"

²⁰ Amazias, porém, não quis ouvi-lo, pois Deus mesmo queria entregar Amazias e seu povo a Jeoás, pois pediram conselhos aos deuses de Edom. ²¹ Então Jeoás, rei de Israel, o atacou. Ele e Amazias, rei de Judá, enfrentaram-se em Bete-Semes, em Judá. ²² Judá foi derrotado por Israel, e seus soldados fugiram para as suas casas. ²³ Jeoás capturou Amazias, filho de Joás e neto de Acazias, em Bete-Semes. Então Jeoás levou-o para Jerusalém e derrubou cento e oitenta metros do muro da cidade, desde a porta de Efraim até a porta da Esquina. ²⁴ Ele se apoderou de todo o ouro, de toda a prata e de todos os utensílios encontrados no templo de Deus, que haviam estado sob a guarda de Obede-Edom, e ainda dos tesouros do palácio real. Também fez reféns e, então, voltou para Samaria....

²⁷ A partir do momento em que Amazias deixou de seguir o Senhor, conspiraram contra ele em Jerusalém, e ele fugiu para Láquis, mas o perseguiram até lá e o mataram. ²⁸ Seu corpo foi trazido de volta a cavalo, e sepultado junto aos seus antepassados na Cidade de Judá.

Perguntas para estudo

1. O jovem rei Amazias deu ouvido a qual das pessoas que lhe ofereciam conselhos? Por quê?

LIÇÃO II: SABER OUVIR

2. Qual conselho Amazias ignorou? De quem veio este conselho? Por que ele não ouviu?

_____

_____

_____

_____

_____

_____

3. Em que ponto Amazias poderia ter mudado de tática, começado a ouvir e mudado o destino que teve ao final?

_____

_____

_____

_____

_____

4. Será que todo líder tem a oportunidade de ouvir e mudar o rumo dos acontecimentos para melhor? Explique sua resposta.

_____

_____

_____

_____

_____

_____

3 Até Jesus ouviu e aprendeu

Lucas 2:41-52

41 Todos os anos seus pais iam a Jerusalém para a festa da Páscoa. 42 Quando ele completou doze anos de idade, eles subiram à festa, conforme o costume. 43 Terminada a festa, voltando seus pais para casa, o menino Jesus ficou em Jerusalém, sem que eles percebessem. 44 Pensando que ele estava entre os companheiros de viagem, caminharam o dia todo. Então começaram a procurá-lo entre os seus parentes e conhecidos. 45 Não o encontrando, voltaram a Jerusalém para procurá-lo. [46] *Depois de três dias o encontraram no templo, sentado entre os mestres, ouvindo-os e fazendo-lhes perguntas.* [47] *Todos os que o ouviam ficavam maravilhados com o seu entendimento e com as suas respostas.* [48] *Quando seus pais o viram, ficaram perplexos. Sua mãe lhe disse: "Filho, por que você nos fez isto? Seu pai e eu estávamos aflitos, à sua procura".*

[49] *Ele perguntou: "Por que vocês estavam me procurando? Não sabiam que eu devia estar na casa de meu Pai?"* [50] *Mas eles não compreenderam o que lhes dizia.*

[51] *Então foi com eles para Nazaré, e era-lhes obediente. Sua mãe, porém, guardava todas essas coisas em seu coração.* [52] *Jesus ia crescendo em sabedoria, estatura e graça diante de Deus e dos homens.*

Perguntas para estudo

1. Por que você acha que os pais de Jesus ficaram surpresos ao encontrá-lo ouvindo e interrogando os doutores no templo?

2. Qual era a motivação de Jesus para fazer o que ele fez?

LIÇÃO 11: SABER OUVIR

3. Qual evidência é possível encontrar na passagem bíblica de que Jesus era um aprendiz?

_____

_____

_____

_____

_____

_____

REFLEXÃO E *INSIGHTS* DE LIDERANÇA

Reflita sobre as motivações de cada líder nessas passagens. Escreva-as aqui. Anote também se o líder era um bom ouvinte.

Samuel: _____

Eli: _____

Amazias: _____

Jesus: _____

Agora pense nos resultados que cada líder teve. Sintetize-os aqui:

Samuel: _____

Eli: _____

Amazias: _____

Jesus: _____

Qual a correlação entre as motivações de um líder, sua disposição para ouvir e os resultados que ele teve? Que outros fatores entram em cena?

_____

_____

_____

_____

_____

_____

_____

21 QUALIDADES DE LÍDERES DA BÍBLIA

Que observação é possível fazer sobre líderes ouvintes que podem te ajudar a aperfeiçoar sua capacidade de liderança?

_____

_____

_____

_____

_____

_____

_____

_____

_____

_____

_____

Partindo para ação

Com base na sua análise sobre os quatro líderes das passagens, o que é preciso mudar para que você se torne um ouvinte melhor?

_____

_____

_____

_____

_____

_____

_____

_____

_____

_____

_____

_____

_____

LIÇÃO 11: SABER OUVIR

O que você fará a esse respeito?

_____

_____

_____

_____

_____

_____

_____

_____

_____

_____

_____

_____

_____

PERGUNTAS PARA DISCUSSÃO EM GRUPO

1. A profecia que Samuel dispensou a Eli tornou-se realidade; ao final, os filhos de Eli foram mortos (veja 1Samuel 4:11). Samuel seguiu sua carreira até se tornar um dos maiores profetas das Escrituras. Qual foi a diferença na forma como Samuel e Eli ouviram?

2. O que acontece com líderes que um dia já ouviram, mas que pararam de ouvir, como no caso de Amazias?

3. Quando Amazias disse ao profeta que parasse de falar e ameaçou matá-lo, você acha que o profeta deveria ter continuado assim mesmo? Explique. O que teria acontecido se ele tivesse continuado a falar?

4. Você ficou surpreso pelo fato de Jesus ter ido ao Templo ouvir os doutores? Explique sua resposta.

5. Lucas escreveu o seguinte sobre Jesus: "Todos os que o ouviam ficavam maravilhados com o seu entendimento e as suas respostas" (2:47). O que é possível deduzir a partir deste versículo sobre a comunicação entre Jesus e os doutores?

6. Que nota você daria a si mesmo como ouvinte? Outras pessoas concordariam? Onde você mais precisa se desenvolver neste quesito?

7. Qual ação Deus está pedindo a você para se tornar um melhor ouvinte? Quando e como fará isso?

LIÇÃO 12

PAIXÃO

COMBUSTÃO INTERNA GERA
PODER E MOVIMENTO

A QUALIDADE DEFINIDA

O que têm em comum um astro do beisebol, um empreendedor de sucesso e um artista de renome? Não é o talento que eles possuem; os talentos necessários para vencer em cada campo de atividade são muito diferentes uns dos outros. Não é a oportunidade; eles certamente tentaram muitos caminhos para chegar até aonde chegaram. Então, qual o traço de personalidade único que cada um deles precisou para se destacar em suas respectivas áreas de atuação? Paixão.

É provável que você já tenha ouvido o ditado: "Faça o que ama, e você nunca terá de trabalhar um só dia em sua vida". Não sei se isso é sempre verdadeiro. Até mesmo as carreiras mais instigantes embutem elementos de repetição e monotonia. Mas a paixão por aquilo que se faz proporciona algo significativo: a capacidade de atingir muito mais resultados, em um nível muito mais elevado, do que seria possível alcançar sem ela. Talento não é o suficiente. Paixão é o que faz a diferença.

Para líderes, paixão é um elemento ainda mais valioso por se tratar de algo contagiante. Um líder que demonstra paixão transmite este sentimento a todos ao redor. Líderes apaixonados pelo que fazem também tendem a atrair novos colaboradores que já compartilham das suas paixões. E, dessa forma, a paixão vai aumentando, até que a equipe esteja envolvida no mesmo sonho da busca por objetivos.

Como líder, a primeira pergunta que você deve fazer a si mesmo é: "Sou apaixonado pelo que estou fazendo?" Se não, talvez seja o momento de rea-

21 QUALIDADES DE LÍDERES DA BÍBLIA

valiar sua função e atribuições. Ou talvez encontrar um modo de reacender o fogo dentro de você interagindo com pessoas guiadas pela paixão.

Não existe substituto para a paixão. Trata-se de uma fagulha que provoca uma combustão interior. É combustível da vontade, capaz de manter as pessoas em avanço contínuo mesmo que estejam cansadas ou tentadas a desistir. A paixão é mais poderosa que as circunstâncias, semeando em terrenos aparentemente inférteis. Se paixão não é uma qualidade presente em sua vida, você está em maus lençóis como um líder. A verdade é que você nunca será capaz de liderar de forma eficiente se não for apaixonado pelo que está fazendo. É impossível iniciar ou manter o fogo do dinamismo dentro de uma organização a menos que você tenha esse fogo queimando primeiro dentro de você.

ESTUDOS DE CASO

Leia esses estudos de caso da Bíblia e responda às perguntas a seguir.

1 O fogo de João Batista é visível a todos

Lucas 3:1-18

[1] *No décimo quinto ano do reinado de Tibério César, quando Pôncio Pilatos era governador da Judéia; Herodes, tetrarca da Galileia; seu irmão Filipe, tetrarca da Ituréia e Traconites; e Lisânias, tetrarca de Abilene;* [2] *Anás e Caifás exerciam o sumo sacerdócio. Foi nesse ano que veio a palavra do Senhor a João, filho de Zacarias, no deserto.* [3] *Ele percorreu toda a região próxima ao Jordão, pregando um batismo de arrependimento para o perdão dos pecados.* [4] *Como está escrito no livro das palavras de Isaías, o profeta:*
"Voz do que clama no deserto:
'Preparem o caminho
para o Senhor,
façam veredas retas
para ele.
[5] *Todo vale será aterrado*
e todas as montanhas
e colinas, niveladas.
As estradas tortuosas

LIÇÃO 12: PAIXÃO

serão endireitadas

e os caminhos acidentados, aplanados.

⁶ E toda a humanidade

verá a salvação de Deus'"

⁷ João dizia às multidões que saíam para serem batizadas por ele: "Raça de víboras! Quem lhes deu a ideia de fugir da ira que se aproxima? ⁸ Deem frutos que mostrem o arrependimento. E não comecem a dizer a si mesmos: 'Abraão é nosso pai'. Pois eu lhes digo que destas pedras Deus pode fazer surgir filhos a Abraão. ⁹ O machado já está posto à raiz das árvores, e toda árvore que não der bom fruto será cortada e lançada ao fogo".

¹⁰ "O que devemos fazer então?", perguntavam as multidões.

¹¹ João respondia: "Quem tem duas túnicas dê uma a quem não tem nenhuma; e quem tem comida faça o mesmo".

¹² Alguns publicanos também vieram para serem batizados. Eles perguntaram: "Mestre, o que devemos fazer?"

¹³ Ele respondeu: "Não cobrem nada além do que lhes foi estipulado".

¹⁴ Então alguns soldados lhe perguntaram: "E nós, o que devemos fazer?"

Ele respondeu: "Não pratiquem extorsão nem acusem ninguém falsamente; contentem-se com o seu salário".

¹⁵ O povo estava em grande expectativa, questionando em seu coração se acaso João não seria o Cristo. ¹⁶ João respondeu a todos: "Eu os batizo com água. Mas virá alguém mais poderoso do que eu, tanto que não sou digno nem de desamarrar as correias das suas sandálias. Ele os batizará com o Espírito Santo e com fogo. ¹⁷ Ele traz a pá em sua mão, a fim de limpar sua eira e juntar o trigo em seu celeiro; mas queimará a palha com fogo que nunca se apaga". ¹⁸ E com muitas outras palavras João exortava o povo e lhe pregava as boas novas.

Perguntas para estudo

1. Quais as coisas pelas quais João Batista era apaixonado?

_____

_____

_____

_____

2 1 QUALIDADES DE LÍDERES DA BÍBLIA

2. Em sua opinião, quanto da paixão de João Batista veio de Deus e quanto veio dele mesmo?

3. Quão contagiante era a paixão de João Batista? Examine a passagem bíblica em busca de indícios de que a paixão que ele tinha envolveu outras pessoas, e liste alguns exemplos.

4. Qual papel teve o método de comunicação de João Batista na disseminação de sua paixão?

LIÇÃO 12: PAIXÃO

2 Tudo o que fizerem...

Colossenses 3:1-17, 23-24

¹ Portanto, já que vocês ressuscitaram com Cristo, procurem as coisas que são do alto, onde Cristo está assentado à direita de Deus. ² Mantenham o pensamento nas coisas do alto, e não nas coisas terrenas. ³ Pois vocês morreram, e agora a sua vida está escondida com Cristo em Deus.
⁴ Quando Cristo, que é a sua vida, for manifestado, então vocês também serão manifestados com ele em glória.

⁵ Assim, façam morrer tudo o que pertence à natureza terrena de vocês: imoralidade sexual, impureza, paixão, desejos maus e a ganância, que é idolatria. ⁶ É por causa dessas coisas que vem a ira de Deus sobre os que vivem na desobediência ⁷ as quais vocês praticaram no passado, quando costumavam viver nelas. ⁸ Mas agora, abandonem todas estas coisas: ira, indignação, maldade, maledicência e linguagem indecente no falar. ⁹ Não mintam uns aos outros, visto que vocês já se despiram do velho homem com suas práticas ¹⁰ e se revestiram do novo, o qual está sendo renovado em conhecimento, à imagem do seu Criador.
¹¹ Nessa nova vida já não há diferença entre grego e judeu, circunciso e incircunciso, bárbaro e cita, escravo e livre, mas Cristo é tudo e está em todos.

¹² Portanto, como povo escolhido de Deus, santo e amado, revistam-se de profunda compaixão, bondade, humildade, mansidão e paciência.
¹³ Suportem-se uns aos outros e perdoem as queixas que tiverem uns contra os outros. Perdoem como o Senhor lhes perdoou. ¹⁴ Acima de tudo, porém, revistam-se do amor, que é o elo perfeito.

¹⁵ Que a paz de Cristo seja o juiz em seu coração, visto que vocês foram chamados para viver em paz, como membros de um só corpo. E sejam agradecidos. ¹⁶ Habite ricamente em vocês a palavra de Cristo; ensinem e aconselhem-se uns aos outros com toda a sabedoria, e cantem salmos, hinos e cânticos espirituais com gratidão a Deus em seu coração. ¹⁷ Tudo o que fizerem, seja em palavra ou em ação, façam-no em nome do Senhor Jesus, dando por meio dele graças a Deus Pai....

²³ Tudo o que fizerem, façam de todo o coração, como para o Senhor, e não para os homens, ²⁴ sabendo que receberão do Senhor a recompensa da herança. É a Cristo, o Senhor, que vocês estão servindo.

Perguntas para estudo

1. Com base no que Paulo escreveu aos Colossenses nessa passagem, qual a importância de ser apaixonado pelas coisas certas?

2. Quais foram as orientações dadas por Paulo sobre como viver e se expressar motivado pela paixão, ou seja, realizar algo de "todo o coração"?

3. A última parte da passagem foi dirigida especificamente aos escravos. Que conclusões mais gerais sobre o trabalho você pode extrair da admoestação de Paulo?

3 A nuvem de testemunhas

Hebreus 11:4-12, 22-34

4 *Pela fé, Abel ofereceu a Deus um sacrifício superior ao de Caim. Pela fé ele foi reconhecido como justo, quando Deus aprovou as suas ofertas. Embora esteja morto, por meio da fé ainda fala.*

5 *Pela fé, Enoque foi arrebatado, de modo que não experimentou a morte; "e já não foi encontrado, porque Deus o havia arrebatado", pois*

LIÇÃO 12: PAIXÃO

antes de ser arrebatado recebeu testemunho de que tinha agradado a Deus. [6] Sem fé é impossível agradar a Deus, pois quem dele se aproxima precisa crer que ele existe e que recompensa aqueles que o buscam.

[7] Pela fé, Noé, quando avisado a respeito de coisas que ainda não se viam, movido por santo temor, construiu uma arca para salvar sua família. Por meio da fé ele condenou o mundo e tornou-se herdeiro da justiça que é segundo a fé.

[8] Pela fé, Abraão, quando chamado, obedeceu e dirigiu-se a um lugar que mais tarde receberia como herança, embora não soubesse para onde estava indo. [9] Pela fé peregrinou na terra prometida como se estivesse em terra estranha; viveu em tendas, bem como Isaque e Jacó, co-herdeiros da mesma promessa. [10] Pois ele esperava a cidade que tem alicerces, cujo arquiteto e edificador é Deus.

[11] Pela fé, Abraão – e também a própria Sara, apesar de estéril e avançada em idade – recebeu poder para gerar um filho, porque considerou fiel aquele que lhe havia feito a promessa. [12] Assim, daquele homem já sem vitalidade originaram-se descendentes tão numerosos como as estrelas e tão incontáveis como a areia da praia do mar....

[22] Pela fé, José, no fim da vida, fez menção do êxodo dos israelitas do Egito e deu instruções acerca dos seus próprios ossos.

[23] Pela fé, Moisés, recém-nascido, foi escondido durante três meses por seus pais, pois estes viram que ele não era uma criança comum, e não temeram o decreto do rei.

[24] Pela fé, Moisés, já adulto, recusou ser chamado filho da filha do faraó, [25] preferindo ser maltratado com o povo de Deus a desfrutar os prazeres do pecado durante algum tempo. [26] Por amor de Cristo, considerou sua desonra uma riqueza maior do que os tesouros do Egito, porque contemplava a sua recompensa. [27] Pela fé saiu do Egito, não temendo a ira do rei, e perseverou, porque via aquele que é invisível. [28] Pela fé celebrou a Páscoa e fez a aspersão do sangue, para que o destruidor não tocasse nos filhos mais velhos dos israelitas.

[29] Pela fé, o povo atravessou o mar Vermelho como em terra seca; mas, quando os egípcios tentaram fazê-lo, morreram afogados.

[30] Pela fé, caíram os muros de Jericó, depois de serem rodeados durante sete dias.

[31] Pela fé, a prostituta Raabe, por ter acolhido os espiões, não foi morta com os que haviam sido desobedientes.

21 QUALIDADES DE LÍDERES DA BÍBLIA

[32] *Que mais direi? Não tenho tempo para falar de Gideão, Baraque, Sansão, Jefté, Davi, Samuel e os profetas,* [33] *os quais, pela fé, conquistaram reinos, praticaram a justiça, alcançaram o cumprimento de promessas, fecharam a boca de leões,* [34] *apagaram o poder do fogo e escaparam do fio da espada; da fraqueza tiraram força, tornaram-se poderosos na batalha e puseram em fuga exércitos estrangeiros.*

Hebreus 12:1-3

[1] *Portanto, também nós, uma vez que estamos rodeados por tão grande nuvem de testemunhas, livremo-nos de tudo o que nos atrapalha e do pecado que nos envolve, e corramos com perseverança a corrida que nos é proposta,* [2] *tendo os olhos fitos em Jesus, autor e consumador da nossa fé. Ele, pela alegria que lhe fora proposta, suportou a cruz, desprezando a vergonha, e assentou-se à direita do trono de Deus.* [3] *Pensem bem naquele que suportou tal oposição dos pecadores contra si mesmo, para que vocês não se cansem nem desanimem.*

Perguntas para estudo

1. Fica claro nessa passagem que os homens e as mulheres citados nutriam paixão pela fé. De que forma a paixão os ajudou a lidar com as adversidades?

LIÇÃO 12: PAIXÃO

2. Muitas das pessoas mencionadas nessa passagem atingiram o nível mais elevado naquilo que faziam. Com base no seu conhecimento sobre eles, faça um paralelo entre a paixão que eles tinham pela fé e suas ocupações profissionais. Como eles conseguiram contemplar as duas áreas?

\
\
\
\
\
\
\
\
\
\

3. O que você acha que o autor do livro aos Hebreus quis dizer quando escreveu: "Corramos com perseverança a corrida que nos é proposta" (Hebreus 12:1)? Quais as implicações dessa afirmação para qualquer seguidor de Cristo? E como a paixão se insere neste contexto?

\
\
\
\
\
\
\
\
\
\

REFLEXÃO E *INSIGHTS* DE LIDERANÇA

O chamado e o trabalho de João Batista pareciam ser a mesma coisa. Essa constatação pode ser aplicada a muitos dos personagens citados em Hebreus, embora não a todos eles. E a passagem em Colossenses indica que todo trabalho pode e talvez deva ser feito no espírito de que se está fazendo para Deus. Sabendo de tudo isso, como você identifica qual corrida foi proposta a você? Como trabalho, fé e chamado se relacionam e interagem no seu caso?

_____

_____

_____

_____

_____

_____

Qual a importância da paixão para cada uma dessas três áreas?

_____

_____

_____

_____

_____

Ao ler a frase "livremo-nos de tudo que nos atrapalha e do pecado que nos envolve" (Hebreus 12:1), quais questões vêm à sua mente em particular? O que te amedronta quando o que está em jogo é cumprir a carreira a você proposta?

_____

_____

_____

_____

_____

_____

LIÇÃO 12: PAIXÃO

PARTINDO PARA AÇÃO

Onde você precisa crescer em se tratando de paixão para se tornar um melhor seguidor de Cristo? Onde é preciso aumentar e tornar sua paixão visível a fim de se tornar um líder melhor e mais completo?

O que você pretende fazer para acender sua paixão? Como pretende sustentá-la?

Perguntas para discussão em grupo

1. Quão difícil foi para João Batista pregar para o povo de Israel sabendo que ele era apenas o enviado de alguém muito maior e mais importante do que ele mesmo? Você acha que esta condição fez diminuir ou aumentar a paixão que ele tinha?

2. Na reta final da admoestação em que Paulo diz "façam tudo em nome do Senhor Jesus" (Colossenses 3:17), por que você acha que ele instruiu o povo a evitar exemplos de comportamentos imorais específicos e a adotar comportamentos que honram a Cristo? Como as ideias sobre trabalho e moralidade se relacionam entre si?

3. Ao ler em Hebreus 11 alguns dos nomes dos maiores exemplos de fé, você se identifica com algum deles? Se sim, com quem, e por quê? Se não, por que não?

4. Qual a maior paixão da sua vida?

5. Como essa paixão se relaciona com a sua fé, trabalho, chamado e liderança?

6. Se existisse uma forma de alinhar todos esses aspectos com a sua paixão, o que você faria?

7. Quais mudanças você teria de fazer em sua vida para conquistar esse objetivo? Valeria a pena? Isso honraria a Deus? O que está te impedindo de fazer isso?

LIÇÃO 13

ATITUDE POSITIVA
SE VOCÊ CRÊ QUE PODE, VOCÊ PODE FAZER

A QUALIDADE DEFINIDA

Se você sai para escalar uma montanha e pode escolher entre dois guias igualmente experientes e competentes, qual escolheria? O guia número um é sorridente e parece não ver a hora de começar a escalada. Ele também demonstra confiança absoluta de que o grupo alcançará o cume. O guia número dois reclama das condições, transparece incerteza e até mesmo preocupação. Demonstra hesitação e fala mais sobre os obstáculos à frente do que sobre o prazer de chegar ao cume.

Você optaria pelo guia número um, certo? Afinal de contas, todos nós preferimos seguir alguém que acredita que pode nos levar aonde ele deseja chegar, especialmente quando o caminho pela frente parece desafiador. Um líder positivo transmite confiança, esperança e entusiasmo. E tudo isso fornece motivação para que os liderados continuem marchando, mesmo quando a jornada se torna um páreo duro.

Sua atitude como líder é uma escolha, e ela afeta mais do que apenas as suas próprias ações. Sua atitude tem um impacto significativo nas atitudes e ações dos seus comandados. Líderes com uma atitude positiva ajustam o foco de uma forma intencional, suas crenças e suas premissas em uma direção mais promissora. Eles se concentram mais em serem gratos pelas circunstâncias positivas do que em reclamar das condições negativas. Eles escolheram acreditar que os resultados serão recompensadores ao final. E eles creem no potencial e nas intenções dos outros.

Uma atitude positiva pode fazer a diferença entre ganhar ou perder um jogo, entre chegar ao topo da montanha ou voltar para trás e entre atingir as metas de sua organização ou ficar aquém dos objetivos planejados. Seja como um guia confiante, e as pessoas ao seu redor terão prazer em segui-lo. Eles irão imitar seu exemplo e estarão fechados com você mesmo nos momentos em que a travessia se tornar assustadora. Atitude é algo contagiante. Cultive-a, e a positividade vai ganhar corpo, a ponto de levar você e a todos que estiverem juntos tão longe quanto se possa imaginar.

ESTUDOS DE CASO

Leia esses estudos de caso da Bíblia e responda às perguntas a seguir.

1 Uma atitude negativa condena uma geração

Números 13:1-2, 17-33

[1] E o Senhor disse a Moisés: [2] "Envie alguns homens em missão de reconhecimento à terra de Canaã, terra que dou aos israelitas. Envie um líder de cada tribo dos seus antepassados"...

[17] Quando Moisés os enviou para observarem Canaã, disse: "Subam pelo Neguebe e prossigam até a região montanhosa. [18] Vejam como é a terra e se o povo que vive lá é forte ou fraco, se são muitos ou poucos; [19] se a terra em que habitam é boa ou ruim; se as cidades em que vivem são cidades sem muros ou fortificadas; [20] se o solo é fértil ou pobre; se existe ali floresta ou não. Sejam corajosos! Tragam alguns frutos da terra". Era a época do início da colheita das uvas.

[21] Eles subiram e observaram a terra desde o deserto de Zim até Reobe, na direção de Lebo-Hamate. [22] Subiram do Neguebe e chegaram a Hebrom, onde viviam Aimã, Sesai e Talmai, descendentes de Enaque. (Hebrom havia sido construída sete anos antes de Zoã, no Egito.) [23] Quando chegaram ao vale de Escol, cortaram um ramo do qual pendia um único cacho de uvas. Dois deles carregaram o cacho, pendurado numa vara. Colheram também romãs e figos. [24] Aquele lugar foi chamado vale de Escol por causa do cacho de uvas que os israelitas cortaram ali. [25] Ao fim de quarenta dias eles voltaram da missão de reconhecimento daquela terra.

LIÇÃO 13: ATITUDE POSITIVA

²⁶ Eles então retornaram a Moisés e a Arão e a toda a comunidade de Israel em Cades, no deserto de Parã, onde prestaram relatório a eles e a toda a comunidade de Israel, e lhes mostraram os frutos da terra. ²⁷ E deram o seguinte relatório a Moisés: "Entramos na terra à qual você nos enviou, onde manam leite e mel! Aqui estão alguns frutos dela. ²⁸ Mas o povo que lá vive é poderoso, e as cidades são fortificadas e muito grandes. Também vimos descendentes de Enaque. ²⁹ Os amalequitas vivem no Neguebe; os hititas, os jebuseus e os amorreus vivem na região montanhosa; os cananeus vivem perto do mar e junto ao Jordão".

³⁰ Então Calebe fez o povo calar-se perante Moisés e disse: "Subamos e tomemos posse da terra. É certo que venceremos!"

³¹ Mas os homens que tinham ido com ele disseram: "Não podemos atacar aquele povo; é mais forte do que nós". ³² E espalharam entre os israelitas um relatório negativo acerca daquela terra. Disseram: "A terra para a qual fomos em missão de reconhecimento devora os que nela vivem. Todos os que vimos são de grande estatura. ³³ Vimos também os gigantes, os descendentes de Enaque, diante de quem parecíamos gafanhotos, a nós e a eles".

Números 14:1-4, 26-33

¹ Naquela noite toda a comunidade começou a chorar em alta voz. ² Todos os israelitas queixaram-se contra Moisés e contra Arão, e toda a comunidade lhes disse: "Quem dera tivéssemos morrido no Egito! Ou neste deserto! ³ Por que o Senhor está nos trazendo para esta terra? Só para nos deixar cair à espada? Nossas mulheres e nossos filhos serão tomados como despojo de guerra. Não seria melhor voltar para o Egito?" ⁴ E disseram uns aos outros: "Escolheremos um chefe e voltaremos para o Egito!"...

²⁶ Disse mais o Senhor a Moisés e a Arão: ²⁷ "Até quando esta comunidade ímpia se queixará contra mim? Tenho ouvido as queixas desses israelitas murmuradores. ²⁸ Diga-lhes: Juro pelo meu nome, declara o Senhor, que farei a vocês tudo o que pediram: ²⁹ Cairão neste deserto os cadáveres de todos vocês, de vinte anos para cima, que foram contados no recenseamento e que se queixaram contra mim. ³⁰ Nenhum de vocês entrará na terra que, com mão levantada, jurei dar-lhes para sua habitação, exceto Calebe, filho de Jefoné, e Josué, filho de Num. ³¹ Mas, quanto aos seus filhos, sobre os quais vocês disseram que seriam tomados como despojo de guerra, eu os farei entrar para desfrutarem a terra que vocês rejeitaram. ³² Os cadáveres de vocês, porém, cairão neste deserto. ³³ Seus filhos serão pastores aqui durante quarenta anos, sofrendo pela infidelidade de vocês, até que o último cadáver de vocês seja destruído no deserto.

Perguntas para estudo

1. Por que dez do total de doze espias falaram de maneira negativa sobre a terra de Canaã?

2. Com base na passagem bíblica, qual parte da versão negativa contada pelos espias correspondia a fatos, e que parte não correspondia? Por que você acha que eles florearam na versão deles?

3. Por que Moisés, Arão, Calebe e Josué não conseguiram conter a disseminação de ideias negativas?

LIÇÃO 13: ATITUDE POSITIVA

4. O que teria acontecido se mais espias tivessem falado de forma positiva sobre a Terra Prometida? O que você acha que poderia ter transformado o curso dos acontecimentos?

_____

_____

_____

_____

_____

2 Isaías pinta um quadro de esperança

Isaías 40:6-15, 21-26, 28-31

6 Uma voz ordena: "Clame".
  E eu pergunto: O que clamarei?
"Que toda a humanidade é como a relva,
  e toda a sua glória
  como as flores do campo.
7 A relva murcha e cai a sua flor,
  quando o vento do Senhor
  sopra sobre eles;
  o povo não passa de relva.
8 A relva murcha, e as flores caem,
  mas a palavra de nosso Deus
  permanece para sempre".

9 Você, que traz boas novas a Sião,
  suba num alto monte.
Você, que traz boas novas a Jerusalém,
  erga a sua voz com fortes gritos,
  erga-a, não tenha medo;
  diga às cidades de Judá:
"Aqui está o seu Deus!"
10 O Soberano, o Senhor, vem com poder!
  Com seu braço forte ele governa.
A sua recompensa com ele está,

e seu galardão o acompanha.

[11] Como pastor ele cuida de seu rebanho,
com o braço ajunta os cordeiros
e os carrega no colo;
conduz com cuidado
as ovelhas que amamentam suas crias.

[12] Quem mediu as águas
na concha da mão,
ou com o palmo
definiu os limites dos céus?
Quem jamais calculou o peso da terra,
ou pesou os montes na balança
e as colinas nos seus pratos?

[13] Quem definiu limites
para o Espírito do Senhor,
ou o instruiu como seu conselheiro?

[14] A quem o Senhor consultou
que pudesse esclarecê-lo,
e que lhe ensinasse a julgar com justiça?
Quem lhe ensinou o conhecimento
ou lhe apontou o caminho da sabedoria?

[15] Na verdade as nações
são como a gota que sobra do balde;
para ele são como o pó
que resta na balança;
para ele as ilhas não passam
de um grão de areia....

[21] Será que vocês não sabem?
Nunca ouviram falar?
Não lhes contaram desde a antiguidade?
Vocês não compreenderam
como a terra foi fundada?

[22] Ele se assenta no seu trono,
acima da cúpula da terra,
cujos habitantes
são pequenos como gafanhotos.

LIÇÃO 13: ATITUDE POSITIVA

Ele estende os céus como um forro,
e os arma como uma tenda
para neles habitar.
23 Ele aniquila os príncipes
e reduz a nada os juízes deste mundo.
24 Mal eles são plantados ou semeados,
mal lançam raízes na terra,
Deus sopra sobre eles, e eles murcham;
um redemoinho os leva como palha.
25 "Com quem vocês me vão comparar?
Quem se assemelha a mim?",
pergunta o Santo.
26 Ergam os olhos e olhem para as alturas.
Quem criou tudo isso?
Aquele que põe em marcha
cada estrela do seu exército celestial,
e a todas chama pelo nome.
Tão grande é o seu poder
e tão imensa a sua força,
que nenhuma delas deixa de comparecer!...
28 Será que você não sabe?
Nunca ouviu falar?
O Senhor é o Deus eterno,
o Criador de toda a terra.
Ele não se cansa nem fica exausto;
sua sabedoria é insondável.
29 Ele fortalece o cansado
e dá grande vigor ao que está sem forças.
30 Até os jovens se cansam
e ficam exaustos,
e os moços tropeçam e caem;
31 mas aqueles que esperam no Senhor
renovam as suas forças.
Voam alto como águias;
correm e não ficam exaustos,
andam e não se cansam.

Perguntas para estudo

1. Quais infortúnios enfrentados pelos seres humanos são descritos nessa passagem? Liste-os.

   _____

   _____

   _____

   _____

   _____

   _____

2. Quais pontos positivos são citados e que contribuem para contrabalançar as experiências negativas?

   _____

   _____

   _____

   _____

   _____

   _____

3. Qual a fonte desses pontos positivos? E por que eles são concedidos aos seres humanos?

   _____

   _____

   _____

   _____

   _____

   _____

4. Qual parte você acha que acaba ofuscando a outra, a positiva ou a negativa? Por quê?

   _____

   _____

   _____

   _____

   _____

   _____

LIÇÃO 13: ATITUDE POSITIVA

3 Jesus sobre pedir e receber

Mateus 7:7-12

7 *"Peçam, e lhes será dado; busquem, e encontrarão; batam, e a porta lhes será aberta. 8 Pois tudo o que pede, recebe; o que busca, encontra; e àquele que bate, a porta será aberta.*

9 "Qual de vocês, se seu filho pedir pão, lhe dará uma pedra? 10 Ou se pedir peixe, lhe dará uma cobra? 11 Se vocês, apesar de serem maus, sabem dar boas coisas aos seus filhos, quanto mais o Pai de vocês, que está nos céus, dará coisas boas aos que lhe pedirem! 12 Assim, em tudo, façam aos outros o que vocês querem que eles lhes façam; pois esta é a Lei e os Profetas.

Perguntas para estudo

1. Como você diria que Jesus caracteriza Deus nessa passagem sobre oração? Descreva a atitude de Deus, seu caráter e sua personalidade.

   _____

   _____

   _____

   _____

   _____

2. Quais são os resultados positivos desejados por Deus para aqueles que interagem com ele?

   _____

   _____

   _____

   _____

3. O que Jesus deve dizer para qualquer seguidor seu que possua uma atitude negativa?

   _____

   _____

   _____

   _____

Reflexão e *INSIGHTS* de liderança

Onde os dez espias de pensamento negativo tinham depositado a sua esperança? E como isso influenciou a sua atitude?

_____

_____

_____

_____

_____

_____

_____

Como a descrição de Isaías sobre Deus e a forma como Jesus o caracterizou diferem da forma como você imagina Deus?

_____

_____

_____

_____

_____

_____

_____

Se você aceitasse sem reservas a descrição de Jesus sobre Deus e cresse nela do fundo da sua alma, como isso te transformaria? Como isso impactaria sua capacidade de liderança?

_____

_____

_____

_____

_____

_____

_____

LIÇÃO 13: ATITUDE POSITIVA

PARTINDO PARA AÇÃO

Que nota você daria à sua atitude em uma escala de 1 (negativa) a 10 (positiva)?

_____

Em que área específica sua atitude é menos positiva do que deveria ser?

_____
_____
_____
_____
_____
_____
_____

Como é possível aplicar as descobertas sobre Deus nessa lição à sua atitude, de modo que você possa se transformar em uma pessoa e em um líder mais positivo? O que é preciso fazer?

_____
_____
_____
_____
_____
_____
_____

Perguntas para discussão em grupo

1. Se você fosse um dos doze espias, como acha que teria se sentido ao partir para Canaã com a incumbência de espiar a terra?

2. Deus disse a Moisés para enviar os espias à Terra Prometida, de modo que ele fez certo em obedecer. Mas será que Moisés errou ao pedir aos espias que avaliassem o povo residente quanto ao seu número e força, além das fortificações de suas cidades e a atratividade da terra?

3. Quais frases específicas na passagem de Isaías saltam aos seus olhos? Explique por que elas chamam sua atenção e o que significam para você.

4. Para você é fácil ou difícil acreditar que qualquer um que peça algo a Deus vai receber? Explique.

5. Como você reage nos momentos em que enfrenta dificuldades ou tem uma visão negativa das coisas? Com que frequência você pensa sobre as promessas de Deus e sobre seu caráter de modo a combater essas dificuldades ou pensamento?

6. Qual o maior aprendizado sobre a atitude que você absorveu dessa lição?

7. Qual ação acredita que Deus o esteja te levando a tomar em se tratando de sua atitude, de modo a torná-lo uma pessoa e líder melhores? O que você pretende fazer?

LIÇÃO 14

SOLUÇÃO DE PROBLEMAS

Seus Problemas não Podem se Tornar Mais um Problema

A QUALIDADE DEFINIDA

"Neste mundo vocês terão aflições", disse Jesus, "contudo, tenham bom ânimo. Eu venci o mundo" (João 16:33). Enquanto vivermos nesta terra, problemas são fatos dados. Problemas são inevitáveis, mas não precisam ser insuperáveis. Problemas se tornam de fato um problema apenas quando deixamos que isso ocorra. É tudo uma questão de perspectiva. Como disse o escritor Robert Kiyosaki: "dentro de cada problema jaz uma oportunidade".

Os problemas estão por toda parte e podem ter um efeito negativo tanto sobre líderes quanto sobre os demais integrantes da equipe. Líderes têm a responsabilidade de ajudar outras pessoas a resolver seus problemas da forma mais rápida e eficiente possível. Então, como manter o "bom ânimo" diante das adversidades? O primeiro passo é admitir que as contrariedades vão aparecer. Muitas pessoas esperam que tudo ocorra sempre às mil maravilhas, que o mar esteja sempre em perfeitas condições de navegação. Quando líderes aceitam o mar revolto como uma situação inevitável, eles estão preparados para enfrentar as intempéries não de forma negativa, mas de maneira realista. Líderes podem enfrentar o que der e vier quando esperam o melhor, mas se planejam para o pior.

Problemas são simplesmente obstáculos no caminho para o objetivo. É fácil permitir que eles ofusquem a visão da linha de chegada. Líderes eficientes enxergam além dos entraves e mantêm os olhos postos no objetivo e no quadro geral. Esta atitude ajuda a combater a falta de esperança e a sensação de impotência, além de revelar alternativas para a superação de obstáculos, especialmente quando se busca soluções com criatividade e disposição para pensar fora da caixa.

Todo problema revela uma nova faceta de você mesmo. Revela como você pensa e de que substância você é feito. Você se sente paralisado e dá meia volta quando confrontado com um obstáculo? Ou encontra um caminho alternativo por cima, pelos lados ou por baixo? A superação de barreiras é um estágio crucial no processo de conquista de objetivos. Toda vez que escolhe enxergar além dos problemas e pensar de forma criativa até encontrar uma solução, você estará não apenas chegando mais perto da sua meta, mas ampliando suas habilidades como um solucionador de problemas.

ESTUDOS DE CASO

Leia esses estudos de caso da Bíblia e responda às perguntas a seguir.

1 A sunamita e Eliseu

2Reis 4:8-37

[8] *Certo dia, Eliseu foi a Suném, onde uma mulher rica insistiu que ele fosse tomar uma refeição em sua casa. Depois disso, sempre que passava por ali, ele parava para uma refeição.* [9] *Em vista disso, ela disse ao marido: "Sei que esse homem que sempre vem aqui é um santo homem de Deus.* [10] *Vamos construir lá em cima um quartinho de tijolos e colocar nele uma cama, uma mesa, uma cadeira e uma lamparina para ele. Assim, sempre que nos visitar ele poderá ocupá-lo".*

[11] *Um dia, quando Eliseu chegou, subiu ao seu quarto e deitou-se.* [12] *Ele mandou o seu servo Geazi chamar a Sunamita. Ele a chamou e, quando ela veio,* [13] *Eliseu mandou Geazi dizer-lhe: "Você teve todo este trabalho por nossa causa. O que podemos fazer por você? Quer que eu interceda por você junto ao rei ou ao comandante do exército?"*

Ela respondeu: "Estou bem entre a minha própria gente".

[14] *Mais tarde Eliseu perguntou a Geazi: "O que se pode fazer por ela?"*

Ele respondeu: "Bem, ela não tem filhos, e seu marido é idoso".

LIÇÃO 14: SOLUÇÃO DE PROBLEMAS

[15] *Então Eliseu mandou chamá-la de novo. Geazi a chamou, ela veio até a porta* [16] *e ele disse: "Por volta desta época, no ano que vem, você estará com um filho nos braços".*

Ela contestou: "Não, meu senhor. Não iludas a tua serva, ó homem de Deus!"

[17] *Mas, como Eliseu lhe dissera, a mulher engravidou e, no ano seguinte, por volta daquela mesma época, deu à luz um filho.*

[18] *O menino cresceu e, certo dia, foi encontrar-se com seu pai, que estava com os ceifeiros.* [19] *De repente ele começou a chamar o pai, gritando: "Ai, minha cabeça! Ai, minha cabeça!"*

O pai disse a um servo: "Leve-o para a mãe dele". [20] *O servo o pegou e o levou à mãe. O menino ficou no colo dela até o meio-dia, e morreu.* [21] *Ela subiu ao quarto do homem de Deus, deitou o menino na cama, saiu e fechou a porta.*

[22] *Ela chamou o marido e disse: "Preciso de um servo e de uma jumenta para ir falar com o homem de Deus. Vou e volto logo".*

[23] *Ele perguntou: "Mas, por que hoje? Não é lua nova nem sábado!"*

Ela respondeu: "Não se preocupe".

[24] *Ela mandou selar a jumenta e disse ao servo: "Vamos rápido; só pare quando eu mandar".* [25] *Assim ela partiu para encontrar-se com o homem de Deus no monte Carmelo.*

Quando ele a viu à distância, disse a seu servo Geazi: "Olhe! É a Sunamita! [26] *Corra ao seu encontro e pergunte a ela: 'Está tudo bem com você? Tudo bem com seu marido? E com seu filho?'"*

Ela respondeu a Geazi: "Está tudo bem".

[27] *Ao encontrar o homem de Deus no monte, ela se abraçou aos seus pés. Geazi veio para afastá-la, mas o homem de Deus lhe disse: "Deixe-a em paz! Ela está muito angustiada, mas o Senhor nada me revelou e escondeu de mim a razão de sua angústia".*

[28] *E disse a mulher: "Acaso eu te pedi um filho, meu senhor? Não te disse para não me dar falsas esperanças?"*

[29] *Então Eliseu disse a Geazi: "Ponha a capa por dentro do cinto, pegue o meu cajado e corra. Se você encontrar alguém, não o cumprimente e, se alguém o cumprimentar, não responda. Quando lá chegar, ponha o meu cajado sobre o rosto do menino".*

[30] *Mas a mãe do menino disse: "Juro pelo nome do Senhor e por tua vida que, se ficares, não irei". Então ele foi com ela.*

31 Geazi chegou primeiro e pôs o cajado sobre o rosto do menino, mas ele não falou nem reagiu. Então Geazi voltou para encontrar-se com Eliseu e lhe disse: "O menino não voltou a si".

32 Quando Eliseu chegou à casa, lá estava o menino, morto, estendido na cama. 33 Ele entrou, fechou a porta e orou ao Senhor. 34 Depois deitou-se sobre o menino, boca a boca, olhos com olhos, mãos com mãos. Enquanto se debruçava sobre ele, o corpo do menino foi se aquecendo. 35 Eliseu levantou-se e começou a andar pelo quarto; depois subiu na cama e debruçou-se mais uma vez sobre ele. O menino espirrou sete vezes e abriu os olhos.

36 Eliseu chamou Geazi e o mandou chamar a Sunamita. E ele obedeceu. Quando ela chegou, Eliseu disse: "Pegue seu filho". 37 Ela entrou, prostrou-se a seus pés, curvando-se até o chão. Então pegou o filho e saiu.

Perguntas para estudo

1. O que teria motivado a mulher Sunamita a desenvolver afeição por Eliseu?

2. Por que você acha que Eliseu perguntou ao seu servo Geazi: "O que se pode fazer por ela" (v. 14)?

3. Por que será que a Sunamita disse a Geazi "está tudo bem" (v. 26), mas logo agarrou os pés de Eliseu para não deixá-lo ir?

LIÇÃO 14: SOLUÇÃO DE PROBLEMAS

4. Como você descreveria a forma como a Sunamita encarou a morte do filho? Como descreveria a resposta de Eliseu? O que essas ações revelam sobre eles?

_____

_____

_____

_____

_____

2 Ester e Mardoqueu seguem adiante

Ester 8:1-14

¹Naquele mesmo dia, o rei Xerxes deu à rainha Ester todos os bens de Hamã, o inimigo dos judeus. E Mardoqueu foi trazido à presença do rei, pois Ester lhe dissera que ele era seu parente. ² O rei tirou seu anel-selo, que havia tomado de Hamã, e o deu a Mardoqueu; e Ester o nomeou administrador dos bens de Hamã.

³ Mas Ester tornou a implorar ao rei, chorando aos seus pés, que revogasse o plano maligno de Hamã, o Agagita, contra os judeus.
⁴ Então o rei estendeu o cetro de ouro para Ester, e ela se levantou diante dele e disse:

⁵ "Se for do agrado do rei, se posso contar com o seu favor, e se ele considerar justo, que se escreva uma ordem revogando as cartas que Hamã, filho do Agagita Hamedata, escreveu para que os judeus fossem exterminados em todas as províncias do império. ⁶ Pois, como suportarei ver a desgraça que cairá sobre o meu povo? Como suportarei a destruição da minha própria família?"

⁷ O rei Xerxes respondeu à rainha Ester e ao judeu Mardoqueu: "Mandei enforcar Hamã e dei os seus bens a Ester porque ele atentou contra os judeus. ⁸ Escrevam agora outro decreto em nome do rei, em favor dos judeus, como melhor lhes parecer, e selem-no com o anel-selo do rei, pois nenhum documento escrito em nome do rei e selado com o seu anel pode ser revogado".

⁹ Isso aconteceu no vigésimo terceiro dia do terceiro mês, o mês de sivã. Os secretários do rei foram imediatamente convocados e escreveram todas as ordens de Mardoqueu aos judeus, aos sátrapas, aos governadores e aos nobres das cento e vinte e sete províncias que se estendiam da Índia até a Etiópia. Essas ordens foram redigidas na língua e na escrita de cada província e de cada povo, e também na língua e na escrita dos judeus.

[10] Mardoqueu escreveu em nome do rei Xerxes, selou as cartas com o anel-selo do rei, e as enviou por meio de mensageiros montados em cavalos velozes, das estrebarias do próprio rei.

[11] O decreto do rei concedia aos judeus de cada cidade o direito de se reunirem e de se protegerem, de destruir, matar e aniquilar qualquer força armada de qualquer povo ou província que os ameaçasse, a eles, suas mulheres e seus filhos e o direito de saquear os bens dos seus inimigos.

[12] O decreto entrou em vigor nas províncias do rei Xerxes no décimo terceiro dia do décimo segundo mês, o mês de adar. [13] Uma cópia do decreto foi publicada como lei em cada província e levada ao conhecimento do povo de cada nação, a fim de que naquele dia os judeus estivessem prontos para vingar-se dos seus inimigos.

[14] Os mensageiros, montando cavalos das estrebarias do rei, saíram a galope, por causa da ordem do rei. O decreto também foi publicado na cidadela de Susã.

Perguntas para estudo

1. Na lição 6, você leu como Ester abordou o rei Xerxes e revelou o plano de Hamã, que foi enforcado por ordem do rei. Por que isso não resolveu em definitivo o problema exposto por Mardoqueu e Ester?

LIÇÃO 14: SOLUÇÃO DE PROBLEMAS

2. Com base no que foi descrito no edito real, quão precisa e detalhada foi a solução de Mardoqueu para o problema? Descreva as contingências que ele levou em conta.

_____

_____

_____

_____

_____

_____

3. Qual foi a contribuição do rei Xerxes para a resolução do problema?

_____

_____

_____

_____

_____

4. Quanto de trabalho de equipe foi necessário para solucionar o problema enfrentado pelos judeus? A questão poderia ser resolvida sem o rei Xerxes, Ester e Mardoqueu? Explique.

_____

_____

_____

_____

_____

3 Uma solução criativa

Marcos 5:21-34

[21] *Tendo Jesus voltado de barco para a outra margem, uma grande multidão se reuniu ao seu redor, enquanto ele estava à beira do mar.* [22] *Então chegou ali um dos dirigentes da sinagoga, chamado Jairo. Vendo Jesus, prostrou-se aos seus pés* [23] *e lhe implorou insistentemente: "Minha filhinha está morrendo! Vem, por favor, e impõe as mãos sobre ela, para que seja curada e que viva".* [24] *Jesus foi com ele.*

Uma grande multidão o seguia e o comprimia. [25] E estava ali certa mulher que havia doze anos vinha sofrendo de hemorragia. [26] Ela padecera muito sob o cuidado de vários médicos e gastara tudo o que tinha, mas, em vez de melhorar, piorava. [27] Quando ouviu falar de Jesus, chegou por trás dele, no meio da multidão, e tocou em seu manto, [28] porque pensava: "Se eu tão-somente tocar em seu manto, ficarei curada". [29] Imediatamente cessou sua hemorragia e ela sentiu em seu corpo que estava livre do seu sofrimento.

[30] No mesmo instante, Jesus percebeu que dele havia saído poder, virou-se para a multidão e perguntou: "Quem tocou em meu manto?"

[31] Responderam os seus discípulos: "Vês a multidão aglomerada ao teu redor e ainda perguntas: 'Quem tocou em mim?'"

[32] Mas Jesus continuou olhando ao seu redor para ver quem tinha feito aquilo. [33] Então a mulher, sabendo o que lhe tinha acontecido, aproximou-se, prostrou-se aos seus pés e, tremendo de medo, contou-lhe toda a verdade. [34] Então ele lhe disse: "Filha, a sua fé a curou! Vá em paz e fique livre do seu sofrimento".

Perguntas para estudo

1. Como você acha que estava o estado mental da mulher após doze anos de sofrimento, gastando todo dinheiro que tinha com médicos e piorando em vez de melhorar?

   _____

   _____

   _____

   _____

   _____

   _____

   _____

   _____

2. Será que a decisão da mulher de tentar tocar as vestes de Jesus foi algo que ela tinha planejado e viajado àquela localidade especificamente para fazer, ou será que foi uma oportunidade

LIÇÃO 14: SOLUÇÃO DE PROBLEMAS

apresentada de forma inesperada naquele momento e que ela
acabou aproveitando? Fundamente sua resposta.

_____

_____

_____

_____

_____

_____

_____

_____

3. Por que você acha que no começo a mulher se encontrava relutante
em revelar a si mesma como a pessoa que tocou Jesus e foi
beneficiada pelo poder que saiu dele?

_____

_____

_____

_____

_____

_____

4. O que pode ser assimilado sobre a capacidade de resolver
problemas a partir das ações da mulher? O que é possível aprender
sobre Deus por meio da reação que Jesus teve com ela?

_____

_____

_____

_____

_____

_____

REFLEXÃO E *INSIGHTS* DE LIDERANÇA

Com base nos exemplos dessa passagem, qual a função de qualidades como prontidão, coragem, motivação, experiência, criatividade, pensamento estratégico, resiliência e perseverança em se tratando de resolução de problemas? Quais outros fatores importantes você incluiria?

_____

_____

_____

_____

_____

_____

Em quais dessas áreas você é forte? Como é possível alavancar esses pontos fortes de modo a se tornar um melhor solucionador de problemas?

_____

_____

_____

_____

_____

Em que área você é fraco? Como é possível melhorar nessa área?

_____

_____

_____

_____

_____

_____

_____

LIÇÃO 14: SOLUÇÃO DE PROBLEMAS

PARTINDO PARA AÇÃO

E que área Deus quer que você se desenvolva para se tornar um melhor solucionador de problemas?

_____

_____

_____

_____

_____

_____

_____

Como esse crescimento o ajudará a se tornar um líder melhor e mais completo?

_____

_____

_____

_____

_____

_____

_____

Que medida você já vai tomar para iniciar esse processo de crescimento? Quanto tempo está disposto a manter este esforço?

_____

_____

_____

_____

_____

_____

_____

PERGUNTAS PARA DISCUSSÃO EM GRUPO

1. Quantas foram as tentativas de Eliseu antes que ele conseguisse trazer o filho da mulher Sunamita de volta à vida? Por que foram necessárias várias tentativas?

2. Em sua opinião quem foi o melhor solucionador de problemas: a mulher Sunamita ou Eliseu? Explique.

3. Na passagem de Ester, quem mostrou a melhor capacidade de liderança: Xerxes, Ester ou Mardoqueu? Fundamente sua resposta.

4. Como você acha que Jesus sabia que poder tinha saído dele, ainda que ele tenha perguntado quem o tocou?

5. Duas dessas passagens incluíram soluções sobrenaturais para problemas por meio da intervenção de Deus. Quando passa por um problema, em que ponto, caso haja algum, você apela a Deus por auxílio? O que você espera dele?

6. Quando resolve problemas na condição de líder, o que você considera ser o seu papel, o papel da equipe e a atribuição de Deus?

7. Em que área você mais precisa evoluir como um solucionador de problemas? Que ação acredita que Deus o esteja levando a tomar para melhorar? Quando e como pretende fazê-lo?

LIÇÃO 15

RELACIONAMENTOS

Se Você se Relaciona Bem com as Pessoas, Elas te Acompanharão

A QUALIDADE DEFINIDA

Qual é a grande diferença entre um chefe e um líder? Um chefe as pessoas seguem porque são obrigadas. Já um líder as pessoas seguem porque querem. É fato que colaboradores são muito mais inclinados a dar o seu melhor quando têm vontade, em vez de se sentirem obrigados ou forçados a fazê-lo. Bons relacionamentos representam o alicerce do estilo de liderança que realmente funciona.

Humanos são seres relacionais. Somos criados para interagir com os outros, e a vida só é verdadeiramente satisfatória no contexto dos relacionamentos. Esta máxima também vale para a liderança. Se você simplesmente sai dando ordens por aí sem procurar estabelecer laços com as pessoas, elas podem até fazer o mínimo necessário exigido no trabalho, mas não devem contribuir para muito além disso. Uma organização capitaneada por um líder desprovido de habilidade de relação interpessoal não atinge seu potencial máximo. Por outro lado, o bom relacionamento entre todos os envolvidos pode conduzir uma boa organização à excelência.

As pessoas realmente desejam seguir adiante ao lado daqueles com os quais se dão bem. Assim, de que maneira líderes podem desenvolver habilidades de relacionamento interpessoal e estreitar laços com seus liderados? Eles usam a cabeça, o coração e as mãos.

Eles usam a cabeça quando procuram conhecer as pessoas a fim de descobrir o que importa para elas e o que as motiva. Dedicam tempo para fazer perguntas e ouvir respostas. Eles usam o coração ao tratar cada pessoa como um ser humano único, não apenas como membros de uma equipe ou empregados. Eles se importam, demonstram empatia e ajudam a criar um ambiente onde as pessoas podem se esforçar e gostar do que estão fazendo. Quando um líder tem essas duas atitudes, estender as mãos é algo que acontece naturalmente. Ao ter suas necessidades supridas, as pessoas tendem a retribuir. Líderes eficientes dão o primeiro passo porque se importam e querem ajudar os que estão à sua volta.

Alguns são mais propensos a se relacionar do que outros, mas habilidades de relacionamento interpessoal podem ser aprendidas e desenvolvidas. Se exercer a liderança com a cabeça, com o coração e com suas mãos, você cultivará relacionamentos mais satisfatórios, e sua capacidade de liderança e influência serão fortalecidos.

ESTUDOS DE CASO

Leia esses estudos de caso da Bíblia e responda às perguntas a seguir.

1 Jacó engana Isaque

Gênesis 27:1-45

[1] *Tendo Isaque envelhecido, seus olhos ficaram tão fracos que ele já não podia enxergar. Certo dia chamou Esaú, seu filho mais velho, e lhe disse: "Meu filho!"*

Ele respondeu: "Estou aqui".

[2] *Disse-lhe Isaque: "Já estou velho e não sei o dia da minha morte.* [3] *Pegue agora suas armas, o arco e a aljava, e vá ao campo caçar alguma coisa para mim.* [4] *Prepare-me aquela comida saborosa que tanto aprecio e traga-me, para que eu a coma e o abençoe antes de morrer".*

[5] *Ora, Rebeca estava ouvindo o que Isaque dizia a seu filho Esaú. Quando Esaú saiu ao campo para caçar,* [6] *Rebeca disse a seu filho Jacó: "Ouvi seu pai dizer a seu irmão Esaú:* [7] *'Traga-me alguma caça e prepare-me aquela comida saborosa, para que eu a coma e o abençoe na presença do Senhor antes de morrer'.* [8] *Agora, meu filho, ouça bem e faça o que lhe ordeno:* [9] *Vá ao rebanho e traga-me dois cabritos escolhidos, para que eu prepare uma comida saborosa para seu pai,*

LIÇÃO 15: RELACIONAMENTOS

como ele aprecia. [10] Leve-a então a seu pai, para que ele a coma e o abençoe antes de morrer".

[11] Disse Jacó a Rebeca, sua mãe: "Mas o meu irmão Esaú é homem peludo, e eu tenho a pele lisa. [12] E se meu pai me apalpar? Vai parecer que estou tentando enganá-lo, fazendo-o de tolo e, em vez de bênção, trarei sobre mim maldição".

[13] Disse-lhe sua mãe: "Caia sobre mim a maldição, meu filho. Faça apenas o que eu digo: Vá e traga-os para mim".

[14] Então ele foi, apanhou-os e os trouxe à sua mãe, que preparou uma comida saborosa, como seu pai apreciava. [15] Rebeca pegou as melhores roupas de Esaú, seu filho mais velho, roupas que tinha em casa, e colocou-as em Jacó, seu filho mais novo. [16] Depois cobriu-lhe as mãos e a parte lisa do pescoço com as peles dos cabritos, [17] e por fim entregou a Jacó a refeição saborosa e o pão que tinha feito.

[18] Ele se dirigiu ao pai e disse: "Meu pai".

Respondeu ele: "Sim, meu filho. Quem é você?"

[19] Jacó disse a seu pai: "Sou Esaú, seu filho mais velho. Fiz como o senhor me disse. Agora, assente-se e coma do que cacei para que me abençoe".

[20] Isaque perguntou ao filho: "Como encontrou a caça tão depressa, meu filho?"

Ele respondeu: "O Senhor, o seu Deus, a colocou no meu caminho".

[21] Então Isaque disse a Jacó: "Chegue mais perto, meu filho, para que eu possa apalpá-lo e saber se você é realmente meu filho Esaú".

[22] Jacó aproximou-se do seu pai Isaque, que o apalpou e disse: "A voz é de Jacó, mas os braços são de Esaú". [23] Não o reconheceu, pois seus braços estavam peludos como os de Esaú, seu irmão; e o abençoou.

[24] Isaque perguntou-lhe outra vez: "Você é mesmo meu filho Esaú?"

E ele respondeu: "Sou".

[25] Então lhe disse: "Meu filho, traga-me da sua caça para que eu coma e o abençoe".

Jacó a trouxe, e seu pai comeu; também trouxe vinho, e ele bebeu. [26] Então seu pai Isaque lhe disse: "Venha cá, meu filho, dê-me um beijo".

[27] Ele se aproximou e o beijou. Quando sentiu o cheiro de suas roupas, Isaque o abençoou, dizendo:

"Ah, o cheiro de meu filho
   é como o cheiro de um campo
   que o Senhor abençoou.
[28] *Que Deus lhe conceda*
   do céu o orvalho
   e da terra a riqueza,
   com muito cereal e muito vinho.
[29] *Que as nações o sirvam*
   e os povos se curvem diante de você.
Seja senhor dos seus irmãos,
   e curvem-se diante de você
   os filhos de sua mãe.
Malditos sejam os que o amaldiçoarem
   e benditos sejam
   os que o abençoarem".

[30] *Quando Isaque acabou de abençoar Jacó, mal tendo ele saído da presença do pai, seu irmão Esaú chegou da caçada.* [31] *Ele também preparou uma comida saborosa e a trouxe a seu pai. E lhe disse: "Meu pai, levante-se e coma da minha caça, para que o senhor me dê sua bênção".*

[32] *Perguntou-lhe seu pai Isaque: "Quem é você?"*

Ele respondeu: "Sou Esaú, seu filho mais velho".

[33] *Profundamente abalado, Isaque começou a tremer muito e disse: "Quem então apanhou a caça e a trouxe para mim? Acabei de comê-la antes de você entrar e a ele abençoei; e abençoado ele será!"*

[34] *Quando Esaú ouviu as palavras de seu pai, deu um forte grito e, cheio de amargura, implorou ao pai: "Abençoe também a mim, meu pai!"*

[35] *Mas ele respondeu: "Seu irmão chegou astutamente e recebeu a bênção que pertencia a você".*

[36] *E disse Esaú: "Não é com razão que o seu nome é Jacó? Já é a segunda vez que ele me engana! Primeiro tomou o meu direito de filho mais velho, e agora recebeu a minha bênção!" Então perguntou ao pai: "O senhor não reservou nenhuma bênção para mim?"*

[37] *Isaque respondeu a Esaú: "Eu o constituí senhor sobre você, e a todos os seus parentes tornei servos dele; a ele supri de cereal e de vinho. Que é que eu poderia fazer por você, meu filho?"*

LIÇÃO 15: RELACIONAMENTOS

38 Esaú pediu ao pai: "Meu pai, o senhor tem apenas uma bênção? Abençoe-me também, meu pai!" Então chorou Esaú em alta voz.

39 Seu pai Isaque respondeu-lhe:
"Sua habitação será
   longe das terras férteis,
   distante do orvalho
   que desce do alto céu.
40 Você viverá por sua espada
   e servirá a seu irmão.
Mas quando você não suportar mais,
   arrancará do pescoço o jugo".

41 Esaú guardou rancor contra Jacó por causa da bênção que seu pai lhe dera. E disse a si mesmo: "Os dias de luto pela morte de meu pai estão próximos; então matarei meu irmão Jacó".

42 Quando contaram a Rebeca o que seu filho Esaú dissera, ela mandou chamar Jacó, seu filho mais novo, e lhe disse: "Esaú está se consolando com a ideia de matá-lo. 43 Ouça, pois, o que lhe digo, meu filho: Fuja imediatamente para a casa de meu irmão Labão, em Harã. 44 Fique com ele algum tempo, até que passe o furor de seu irmão. 45 Quando seu irmão não estiver mais irado contra você e esquecer o que você lhe fez, mandarei buscá-lo. Por que perderia eu vocês dois num só dia?"

Perguntas para estudo

1. Como Jacó enxergava Esaú?

_____

_____

_____

_____

_____

_____

_____

_____

2. Por que Rebeca instigou a artimanha de Jacó? Seria por que Deus tinha dito a ela que o irmão gêmeo mais velho serviria ao mais novo (veja Gênesis 25:23), por que ela amava mais a Jacó (Gênesis 25:28), ou por outro motivo?

_____

_____

_____

_____

_____

3. Qual impacto o engano perpetrado teve na família? Como isso afetou cada pessoa?

_____

_____

_____

_____

2 A Rainha de Sabá visita Salomão

1Reis 10:1-10, 13

[1] *A rainha de Sabá soube da fama que Salomão tinha alcançado, graças ao nome do Senhor, e foi a Jerusalém para pô-lo à prova com perguntas difíceis.* [2] *Quando chegou, acompanhada de uma enorme caravana, com camelos carregados de especiarias, grande quantidade de ouro e pedras preciosas, fez a Salomão todas as perguntas que tinha em mente.* [3] *Salomão respondeu a todas; nenhuma lhe foi tão difícil que não pudesse responder.* [4] *Vendo toda a sabedoria de Salomão, bem como o palácio que ele havia construído,* [5] *o que era servido em sua mesa, o alojamento de seus oficiais, os criados e os copeiros, todos uniformizados, e os holocaustos que ele fazia no templo do Senhor, a visitante ficou impressionada.*

[6] *Então ela disse ao rei: "Tudo o que ouvi em meu país acerca de tuas realizações e de tua sabedoria é verdade.* [7] *Mas eu não acreditava no que diziam, até ver com os meus próprios olhos. Na realidade, não me contaram*

LIÇÃO 15: RELACIONAMENTOS

nem a metade; tu ultrapassas em muito o que ouvi, tanto em sabedoria como em riqueza. ⁸ Como devem ser felizes os homens da tua corte, que continuamente estão diante de ti e ouvem a tua sabedoria! ⁹ Bendito seja o Senhor, o teu Deus, que se agradou de ti e te colocou no trono de Israel. Por causa do amor eterno do Senhor para com Israel, ele te fez rei, para manter a justiça e a retidão".

¹⁰ E ela deu ao rei quatro mil e duzentos quilos de ouro e grande quantidade de especiarias e pedras preciosas. Nunca mais foram trazidas tantas especiarias quanto as que a rainha de Sabá deu ao rei Salomão....

¹³ O rei Salomão deu à rainha de Sabá tudo o que ela desejou e pediu, além do que já lhe tinha dado por sua generosidade real. Então ela e os seus servos voltaram para o seu país.

Perguntas para estudo

1. Por que você acha que a rainha de Sabá viajou até o palácio do rei Salomão para testá-lo com perguntas capciosas? Qual era o intento dela? E por que ela levou consigo uma grande caravana?

2. O que teria acontecido se a rainha tivesse se decepcionado com Salomão?

21 QUALIDADES DE LÍDERES DA BÍBLIA

3. Qual o significado dos presentes que a rainha deu a Salomão? Por que ela o presenteou? Qual o significado da frase "O rei Salomão deu à rainha de Sabá tudo o que ela desejou e pediu, além do que já lhe tinha dado por sua generosidade real" (v. 13)?

_____

_____

_____

_____

_____

_____

4. Como você descreveria o relacionamento entre os dois monarcas? As Escrituras não fornecem informações adicionais sobre a rainha de Sabá, com exceção de um comentário sobre ela utilizando praticamente as mesmas palavras e registrado em 2Crônicas 9:1-12. O que você imagina ter acontecido após o retorno dela para casa? Quem exerceu influência sobre quem depois daquele encontro?

_____

_____

_____

_____

_____

_____

3 Regras de relacionamento de acordo com o apóstolo Paulo

Romanos 12: 9-21

[9] O amor deve ser sincero. Odeiem o que é mau; apeguem-se ao que é bom. [10] Dediquem-se uns aos outros com amor fraternal. Prefiram dar honra aos outros mais do que a si próprios. [11] Nunca lhes falte o zelo, sejam fervorosos no espírito, sirvam ao Senhor. [12] Alegrem-se na esperança, sejam pacientes na tribulação, perseverem na oração. [13] Compartilhem o que vocês têm com os santos em suas necessidades. Pratiquem a hospitalidade.

[14] Abençoem aqueles que os perseguem; abençoem, e não os amaldiçoem. [15] Alegrem-se com os que se alegram; chorem com os que

186

LIÇÃO 15: RELACIONAMENTOS

choram. [16] Tenham uma mesma atitude uns para com os outros. Não sejam orgulhosos, mas estejam dispostos a associar-se a pessoas de posição inferior. Não sejam sábios aos seus próprios olhos.

[17] Não retribuam a ninguém mal por mal. Procurem fazer o que é correto aos olhos de todos. [18] Façam todo o possível para viver em paz com todos. [19] Amados, nunca procurem vingar-se, mas deixem com Deus a ira, pois está escrito: "Minha é a vingança; eu retribuirei", diz o Senhor. [20] Ao contrário:

"Se o seu inimigo tiver fome, dê-lhe de comer;
se tiver sede, dê-lhe de beber.
Fazendo isso, você amontoará brasas vivas
sobre a cabeça dele".

[21] Não se deixem vencer pelo mal, mas vençam o mal com o bem.

Perguntas para estudo

1. Como você sintetizaria com as suas próprias palavras as instruções de Paulo sobre como os crentes devem tratar uns aos outros? Os conselhos dele são fáceis ou difíceis de seguir? Por quê?

_____

_____

_____

_____

_____

2. Quão fácil ou difícil é seguir as instruções de Paulo relacionadas ao tratamento das pessoas que se opõem ou fazem mal a você?

_____

_____

_____

_____

_____

3. Como é possível "fazer o que é correto aos olhos de todos" (v. 17)? O que torna essa recomendação difícil de ser colocada em prática?

4. Como os conselhos de Paulo se aplicam à liderança?

REFLEXÃO E *INSIGHTS* DE LIDERANÇA

Como as intenções de Isaque, Rebeca, Jacó, Esaú, da rainha de Sabá, de Salomão, e Paulo, influenciaram nos seus relacionamentos?

LIÇÃO 15: RELACIONAMENTOS

Qual papel o fator confiança teve nas relações dentro da família de Isaque?
A confiança aumentou ou diminuiu depois do ocorrido? Qual foi o resultado
para a família?

_____

_____

_____

_____

_____

_____

_____

Qual foi a importância da confiança na relação entre o rei Salomão e a
rainha de Sabá? Aumentou ou diminuiu entre eles? Qual foi o resultado
para ambos?

_____

_____

_____

_____

_____

_____

_____

Como um líder pode seguir o conselho de Paulo, honrando um ao outro
acima de nós mesmos e, ainda assim, liderar de forma efetiva?

_____

_____

_____

_____

_____

_____

_____

Partindo para ação

Pense por um momento sobre como você trata as pessoas que você lidera, aquelas que você segue, aquelas com as quais você trabalha e os seus familiares. Onde você precisa melhorar? Suas intenções são puras? Você é confiável? Você está fazendo o seu melhor para honrar os outros? Em que área Deus o está desafiando para aprender e crescer?

_____

_____

_____

_____

_____

_____

_____

_____

_____

_____

_____

Que medida você pode tomar agora mesmo para consertar um erro cometido no passado? Você está pronto para se comprometer a fazer o que for necessário?

_____

_____

_____

_____

_____

_____

_____

_____

_____

_____

LIÇÃO 15: RELACIONAMENTOS

Qual atitude é possível adotar para se tornar um líder mais preparado para construir relacionamentos, não apenas no exercício da liderança, mas em todas as áreas da sua vida?

_____

_____

_____

_____

_____

_____

_____

_____

_____

Perguntas para discussão em grupo

1. Se você estivesse no lugar de Esaú, tendo sido destituído de sua primogenitura (Gênesis 25:29-34), enganado e perdido a bênção de Jacó, como acredita que teria reagido?

2. Quais palavras podem ser usadas para melhor descrever a família de Isaque? Como a família dele se compara à sua? Quais palavras você usaria para descrever sua família de origem?

3. Você acha que a Rainha de Sabá e Salomão tinham *status* semelhantes quando se encontraram? E depois que eles se conheceram, algo mudou nessa relação? Se sim, explique o que mudou e por quê?

4. Quando você interage com outras pessoas, o que determina a forma como o relacionamento se desenrola? Você saberia dizer quem influencia quem? A sua condição de exercer influência sofre alteração de acordo com o ambiente?

5. Você conhece alguém que vive de acordo com os parâmetros apresentados por Paulo em Romanos 12? Qual é a chave para a capacidade da pessoa que lhe vem à mente?

6. Qual seu maior aprendizado dessa lição sobre relacionamento?

7. Qual ação você acredita que Deus o esteja levando a tomar nesta área? Quando e como a colocará em prática?

LIÇÃO 16

RESPONSABILIDADE

Se Você Não Quer Carregar A Bola, Não Pode ser o Capitão do Time

A QUALIDADE DEFINIDA

As pessoas que chamam a responsabilidade para si são conhecidas por dar conta do recado. Elas buscam seus objetivos de todo coração e nunca desistem. São como aqueles jogadores decisivos que se atiram de corpo e alma em cada disputa de bola e acabam marcando o gol decisivo quando a partida já estava nos acréscimos. Pelo fato de demonstrarem que estão sempre dispostos e aptos a "lutar pela bola", mesmo nas situações em que se encontram sob pressão, seus companheiros de equipe confiam neles e se esforçam ao máximo pela vitória. Isso confere a esses indivíduos a credibilidade para liderar.

Líderes responsáveis assumem as próprias atribuições e tarefas logo de cara. Mesmo quando são subordinados a alguém, eles buscam desempenho máximo por conta própria. Eles têm parâmetros muito altos, o que significa que nunca se acomodam em meio à mediocridade. Em vez disso, fazem da excelência o seu objetivo. Assim, enquanto buscam suas metas, eles se movem com tenacidade. Nunca desistem, e fazem tudo que estiver ao seu alcance para concluir aquilo que começam.

Quando líderes responsáveis falham, cometem erros, ou tomam decisões equivocadas, eles prontamente admitem que cometeram um deslize e se desculpam. Então examinam o que fizeram de errado, aprendem com os próprios erros e seguem adiante. Eles não arrumam desculpas ou culpam os outros.

Bons líderes nunca adotam uma mentalidade de vítima. Eles reconhecem que a posição em que se encontram e o que eles são resultam da inteira responsabilidade deles, – não de seus pais, do cônjuge, dos filhos, da sociedade,

ESTUDOS DE CASO

Leia esses estudos de caso da Bíblia e responda às perguntas a seguir.

1 Davi assume a responsabilidade

1Crônicas 21:1-30

[1] *Satanás levantou-se contra Israel e levou Davi a fazer um recenseamento do povo.* [2] *Davi disse a Joabe e aos outros comandantes do exército: "Vão e contem os israelitas desde Berseba até Dã e tragam-me um relatório para que eu saiba quantos são".*

[3] *Joabe, porém, respondeu: "Que o Senhor multiplique o povo dele por cem. Ó rei, meu senhor, não são, porventura, todos eles súditos do meu senhor? Por que o meu senhor deseja fazer isso? Por que deveria trazer culpa sobre Israel?"*

[4] *Mas a palavra do rei prevaleceu, de modo que Joabe partiu, percorreu todo o Israel e então voltou a Jerusalém.* [5] *Joabe apresentou a Davi o relatório com o número dos homens de combate: Em todo o Israel havia um milhão e cem mil homens habilitados para o serviço militar, sendo quatrocentos e setenta mil de Judá.*

[6] *Mas Joabe não incluiu as tribos de Levi e de Benjamim na contagem, pois a ordem do rei lhe parecera absurda.* [7] *Essa ordem foi reprovada por Deus, e por isso ele puniu Israel.*

[8] *Então Davi disse a Deus: "Pequei gravemente com o que fiz. Agora eu te imploro que perdoes o pecado do teu servo, porque cometi uma grande loucura!"*

[9] *O Senhor disse a Gade, o vidente de Davi:* [10] *"Vá dizer a Davi: Assim diz o Senhor: Estou lhe dando três opções. Escolha uma delas, e eu a executarei contra você".*

LIÇÃO 16 : RESPONSABILIDADE

[11] Gade foi a Davi e lhe disse: "Assim diz o Senhor: 'Escolha entre [12] três anos de fome, três meses fugindo de seus adversários, perseguido pela espada deles, ou três dias da espada do Senhor, isto é, três dias de praga, com o anjo do Senhor assolando todas as regiões de Israel'. Decida agora como devo responder àquele que me enviou".

[13] Davi respondeu: "É grande a minha angústia! Prefiro cair nas mãos do Senhor, pois é grande a sua misericórdia, a cair nas mãos dos homens".

[14] O Senhor enviou, assim, uma praga sobre Israel, e setenta mil homens de Israel morreram. [15] E Deus enviou um anjo para destruir Jerusalém. Mas quando o anjo ia fazê-lo, o Senhor olhou e arrependeu-se de trazer a catástrofe, e disse ao anjo destruidor: "Pare! Já basta!" Naquele momento o anjo do Senhor estava perto da eira de Araúna, o jebuseu.

[16] Davi olhou para cima e viu o anjo do Senhor entre o céu e a terra, com uma espada na mão, erguida sobre Jerusalém. Então Davi e as autoridades de Israel, vestidos de luto, prostraram-se, rosto em terra.

[17] Davi disse a Deus: "Não fui eu que ordenei contar o povo? Fui eu que pequei e fiz o mal. Estes não passam de ovelhas. O que eles fizeram? Ó Senhor meu Deus, que o teu castigo caia sobre mim e sobre a minha família, mas não sobre o teu povo!"

[18] Depois disso, o anjo do Senhor mandou Gade dizer a Davi que construísse um altar ao Senhor na eira de Araúna, o jebuseu. [19] Davi foi para lá, em obediência à palavra que Gade havia falado em nome do Senhor.

[20] Araúna estava debulhando o trigo; virando-se, viu o anjo, e ele e seus quatro filhos que estavam com ele se esconderam. [21] Nisso chegou Davi e, quando Araúna o viu, saiu da eira e prostrou-se diante de Davi, rosto em terra.

[22] E Davi lhe pediu: "Ceda-me o terreno da sua eira para eu construir um altar em honra ao Senhor, para que cesse a praga sobre o povo. Venda-me o terreno pelo preço justo".

[23] Mas Araúna disse a Davi: "Considera-o teu! Que o meu rei e senhor faça dele o que desejar. Eu darei os bois para os holocaustos, o debulhador para servir de lenha, e o trigo para a oferta de cereal. Tudo isso eu dou a ti".

[24] O rei Davi, porém, respondeu a Araúna: "Não! Faço questão de pagar o preço justo. Não darei ao Senhor aquilo que pertence a você, nem oferecerei um holocausto que não me custe nada".

21 QUALIDADES DE LÍDERES DA BÍBLIA

25 Então Davi pagou a Araúna sete quilos e duzentos gramas de ouro pelo terreno. 26 E Davi edificou ali um altar ao Senhor e ofereceu holocaustos e sacrifícios de comunhão. Davi invocou o Senhor, e o Senhor lhe respondeu com fogo que veio do céu sobre o altar de holocaustos.

27 O Senhor ordenou ao anjo que pusesse a espada na bainha. 28 Nessa ocasião viu Davi que o Senhor lhe havia respondido na eira de Araúna, o jebuseu, e passou a oferecer sacrifícios ali. 29 Naquela época, o tabernáculo do Senhor que Moisés fizera no deserto e o altar de holocaustos estavam em Gibeom. 30 Mas Davi não podia consultar a Deus lá, pois tinha medo da espada do anjo do Senhor.

1Crônicas 22:1

1 Então disse Davi: "Este é o lugar para o templo de Deus, o Senhor, e do altar de holocaustos para Israel".

Perguntas para estudo

1. Por que Davi mandou fazer uma contagem dos homens aptos para a batalha em Israel? Por que você acha que Deus considerou essa medida um pecado?

_____

_____

_____

_____

_____

_____

2. Como Davi chamou para si a responsabilidade pelo seu erro? Liste cada uma das coisas que ele fez.

_____

_____

_____

LIÇÃO 16 : RESPONSABILIDADE

3. O que as escolhas responsáveis de Davi dizem sobre ele como pessoa? O que elas dizem dele como um líder?

4. Qual foi sua reação quando, ao escolher sua punição, Davi disse "preferir" cair nas mãos do Senhor? O que você teria escolhido? Por quê?

2 Jonas se arrepende e recebe uma segunda chance

Jonas 1:1-17

¹ A palavra do Senhor veio a Jonas, filho de Amitai, com esta ordem: ² "Vá depressa à grande cidade de Nínive e pregue contra ela, porque a sua maldade subiu até a minha presença".

³ Mas Jonas fugiu da presença do Senhor, dirigindo-se para Társis. Desceu à cidade de Jope, onde encontrou um navio que se destinava àquele porto. Depois de pagar a passagem, embarcou para Társis, para fugir do Senhor.

⁴ O Senhor, porém, fez soprar um forte vento sobre o mar, e caiu uma tempestade tão violenta que o barco ameaçava arrebentar-se. ⁵ Todos os marinheiros ficaram com medo e cada um clamava ao seu próprio deus. E atiraram as cargas ao mar para tornar o navio mais leve.

Enquanto isso, Jonas, que tinha descido ao porão e se deitara, dormia profundamente. ⁶ O capitão dirigiu-se a ele e disse: "Como você pode ficar aí dormindo? Levante-se e clame ao seu deus! Talvez ele tenha piedade de nós e não morramos".

⁷ Então os marinheiros combinaram entre si: "Vamos lançar sortes para descobrir quem é o responsável por esta desgraça que se abateu sobre nós". Lançaram sortes, e a sorte caiu sobre Jonas.

⁸ Por isso lhe perguntaram: "Diga-nos, quem é o responsável por esta calamidade? Qual é a sua profissão? De onde você vem? Qual é a sua terra? A que povo você pertence?"

⁹ Ele respondeu: "Eu sou hebreu, adorador do Senhor, o Deus dos céus, que fez o mar e a terra".

¹⁰ Então os homens ficaram apavorados e perguntaram: "O que foi que você fez?", pois sabiam que Jonas estava fugindo do Senhor, porque ele já lhes tinha dito.

¹¹ Visto que o mar estava cada vez mais agitado, eles lhe perguntaram: "O que devemos fazer com você, para que o mar se acalme?"

¹² Respondeu ele: "Peguem-me e joguem-me ao mar, e ele se acalmará. Pois eu sei que é por minha causa que esta violenta tempestade caiu sobre vocês".

¹³ Ao invés disso, os homens se esforçaram ao máximo para remar de volta à terra. Mas não conseguiram, porque o mar tinha ficado ainda mais violento. ¹⁴ Eles clamaram ao Senhor: "Senhor, nós suplicamos, não nos

LIÇÃO 16 : RESPONSABILIDADE

deixes morrer por tirarmos a vida deste homem. Não caia sobre nós a culpa de matar um inocente, porque tu, ó Senhor, fizeste o que desejavas". ¹⁵ Em seguida pegaram Jonas e o lançaram ao mar enfurecido, e este se aquietou. ¹⁶ Ao verem isso, os homens adoraram o Senhor com temor, oferecendo-lhe sacrifício e fazendo-lhe votos.

¹⁷ O Senhor fez com que um grande peixe engolisse Jonas, e ele ficou dentro do peixe três dias e três noites.

Jonas 2:1-10

¹ Dentro do peixe, Jonas orou ao Senhor, o seu Deus.
² E disse:

"Em meu desespero clamei ao Senhor,
    e ele me respondeu.
Do ventre da morte gritei por socorro,
    e ouviste o meu clamor.
³ Jogaste-me nas profundezas,
    no coração dos mares;
    correntezas formavam um turbilhão
    ao meu redor;
    todas as tuas ondas e vagas
    passaram sobre mim.
⁴ Eu disse: Fui expulso da tua presença;
    contudo, olharei de novo
    para o teu santo templo.
⁵ As águas agitadas me envolveram,
    o abismo me cercou,
    as algas marinhas
    se enrolaram em minha cabeça.
⁶ Afundei até chegar aos fundamentos
    dos montes;
    à terra embaixo, cujas trancas
    me aprisionaram para sempre.
Mas tu trouxeste a minha vida
    de volta da sepultura,
    ó Senhor meu Deus!

7 "Quando a minha vida já se apagava,
eu me lembrei de ti, Senhor,
e a minha oração subiu a ti,
ao teu santo templo.
8 "Aqueles que acreditam
em ídolos inúteis
desprezam a misericórdia.
9 Mas eu, com um cântico de gratidão,
oferecerei sacrifício a ti.
O que eu prometi
cumprirei totalmente.
A salvação vem do Senhor".
10 E o Senhor deu ordens ao peixe, e ele vomitou Jonas em terra firme.

Jonas 3:1-10

1 A palavra do Senhor veio a Jonas pela segunda vez com esta ordem:
2 "Vá à grande cidade de Nínive e pregue contra ela a mensagem que eu lhe darei".

3 Jonas obedeceu à palavra do Senhor e foi para Nínive. Era uma cidade muito grande sendo necessários três dias para percorrê-la. 4 Jonas entrou na cidade e a percorreu durante um dia, proclamando: "Daqui a quarenta dias Nínive será destruída". 5 Os ninivitas creram em Deus. Proclamaram um jejum, e todos eles, do maior ao menor, vestiram-se de pano de saco.

6 Quando as notícias chegaram ao rei de Nínive, ele se levantou do trono, tirou o manto real, vestiu-se de pano de saco e sentou-se sobre cinza. 7 Então fez uma proclamação em Nínive:

"Por decreto do rei e de seus nobres:

Não é permitido a nenhum homem ou animal, bois ou ovelhas, provar coisa alguma; não comam nem bebam! 8 Cubram-se de pano de saco, homens e animais. E todos clamem a Deus com todas as suas forças. Deixem os maus caminhos e a violência. 9 Talvez Deus se arrependa e abandone a sua ira, e não sejamos destruídos".

10 Tendo em vista o que eles fizeram e como abandonaram os seus maus caminhos, Deus se arrependeu e não os destruiu como tinha ameaçado.

LIÇÃO 16 : RESPONSABILIDADE

Perguntas para estudo

1. Você acha que Jonas acreditava que ele realmente poderia escapar de Deus? Ou ele estava simplesmente tentando se colocar em uma posição em que seria impossível para ele obedecer a Deus? Você já fez algo parecido? Se sim, o que você fez e por quê?

_____

_____

_____

_____

_____

_____

_____

2. Qual foi o indicador de que Jonas estava começando a recobrar a responsabilidade? Ele tomou alguma medida adicional? Se sim, que medida foi essa?

_____

_____

_____

_____

_____

_____

3. Por que você acha que Deus deu uma segunda chance a Jonas? Por que Deus simplesmente não escolheu outra pessoa para enviar à Nínive? O que isso diz sobre Deus?

_____

_____

_____

_____

_____

_____

3 Pilatos lava suas mãos

Mateus 27:11-26

[11] *Jesus foi posto diante do governador, e este lhe perguntou: "Você é o rei dos judeus?"*

Respondeu-lhe Jesus: "Tu o dizes"

[12] *Acusado pelos chefes dos sacerdotes e pelos líderes religiosos, ele nada respondeu.* [13] *Então Pilatos lhe perguntou: "Você não ouve a acusação que eles estão fazendo contra você?"* [14] *Mas Jesus não lhe respondeu nenhuma palavra, de modo que o governador ficou muito impressionado.*

[15] *Por ocasião da festa era costume do governador soltar um prisioneiro escolhido pela multidão.* [16] *Eles tinham, naquela ocasião, um prisioneiro muito conhecido, chamado Barrabás.* [17] *Pilatos perguntou à multidão que ali se havia reunido: "Qual destes vocês querem que lhes solte: Barrabás ou Jesus, chamado Cristo?"* [18] *Porque sabia que o haviam entregado por inveja.*

[19] *Estando Pilatos sentado no tribunal, sua mulher lhe enviou esta mensagem: "Não se envolva com este inocente, porque hoje, em sonho, sofri muito por causa dele".*

[20] *Mas os chefes dos sacerdotes e os líderes religiosos convenceram a multidão a que pedisse Barrabás e mandasse executar Jesus.*

[21] *Então perguntou o governador: "Qual dos dois vocês querem que eu lhes solte?"*

Responderam eles: "Barrabás!"

[22] *Perguntou Pilatos: "Que farei então com Jesus, chamado Cristo?"*

Todos responderam: "Crucifica-o!"

[23] *"Por quê? Que crime ele cometeu?", perguntou Pilatos.*

Mas eles gritavam ainda mais: "Crucifica-o!"

[24] *Quando Pilatos percebeu que não estava obtendo nenhum resultado, mas, ao contrário, estava se iniciando um tumulto, mandou trazer água, lavou as mãos diante da multidão e disse: "Estou inocente do sangue deste homem; a responsabilidade é de vocês".*

[25] *Todo o povo respondeu: "Que o sangue dele caia sobre nós e sobre nossos filhos!"*

[26] *Então Pilatos soltou-lhes Barrabás, mandou açoitar Jesus e o entregou para ser crucificado.*

LIÇÃO 16 : RESPONSABILIDADE

Perguntas para estudo

1. Reflita sobre todas as pessoas envolvidas nessa passagem. Quais níveis de responsabilidade cada um *alegou* e qual responsabilidade eles de fato *assumiram*?

    Jesus Alegou: _____

    Jesus Assumiu: _____

    Pilatos Alegou: _____

    Pilatos Assumiu: _____

    A Esposa de Pilatos Alegou: _____

    A Esposa de Pilatos Assumiu: _____

    Os Chefes dos Sacerdotes e Líderes Religiosos Alegaram: _____

    Os Chefes dos Sacerdotes e Líderes Religiosos Assumiram: _____

    O Povo Alegou: _____

    O Povo Assumiu: _____

2. Qual foi a motivação de cada um para o que eles fizeram?

    Jesus: _____

    Pilatos: _____

    A Esposa de Pilatos: _____

    Os Chefes dos Sacerdotes e Líderes Religiosos: _____

    O Povo: _____

3. As ações de algum deles teriam mudado se eles tivessem compreendido o que Jesus estava fazendo e por quê? Fundamente sua resposta.

    _____

    _____

    _____

    _____

    _____

    _____

    _____

    _____

Reflexão e *Insights* de Liderança

Uma vez que um líder toma uma decisão, quão difícil você acha que é para ele ou ela voltar atrás, mesmo se a decisão foi equivocada? O que levou Davi a reconsiderar? O que levou Jonas a fazer o mesmo? Por que Pilatos não revogou sua decisão?

_____

Como você acredita que as pessoas normalmente absorvem a responsabilidade? Ela vem toda de uma só vez? A responsabilidade é incorporada de uma forma progressiva? Descreva o processo.

_____

Em quais áreas da sua vida você acha mais desafiador assumir responsabilidade? Em quais áreas é mais fácil para você? Qual motivação normalmente te impulsiona a ser responsável nas áreas em que você é bem-sucedido?

_____

LIÇÃO 16 : RESPONSABILIDADE

Partindo para ação

Em qual área da sua vida você precisa assumir mais responsabilidade?
Como é possível cultivar a motivação que normalmente te inspira?

Como assumir responsabilidade nesta área o ajudará a se transformar em
um líder melhor?

Qual primeiro passo você dará agora mesmo?

PERGUNTAS PARA DISCUSSÃO EM GRUPO

1. Quando Davi anunciou que iria fazer uma contagem, Joabe, que era o comandante do seu exército, foi contra. Mesmo assim, Davi ordenou que o censo fosse realizado. Você alguma vez já esteve em uma situação parecida com a de Joabe em que o seu bom conselho não foi aceito por um líder? O que aconteceu?

2. Após tomar sua má decisão, Davi assumiu a responsabilidade por ela. Como isso influencia sua opinião sobre ele?

3. Você ficou surpreso quando Jonas aconselhou os tripulantes a jogá-lo no mar? Ficou surpreso quando os tripulantes recusaram à primeira vista? O que as ações que tomaram dizem sobre o senso de responsabilidade deles?

4. Levando em consideração as ações dos chefes dos sacerdotes e dos líderes religiosos, Pilatos, Jesus e da multidão, quem na sua visão foi responsável pela morte de Jesus?

5. Por que Pilatos lavou as suas mãos diante da multidão? De que serviram as ações dele?

6. Como você avaliaria seu nível inato de responsabilidade em uma escala de 1 (irresponsável) a 10 (muito responsável)? Como isso está ajudando ou atrapalhando sua capacidade de liderança?

7. Qual ação específica você acredita que Deus esteja pedindo que você adote em prol do seu crescimento como líder por conta dessa lição? Quando e como você o fará?

LIÇÃO 17

SEGURANÇA
Competência nunca Compensa a Insegurança

A QUALIDADE DEFINIDA

Filantropo e empresário de sucesso do setor industrial no século passado, Andrew Carnegie disse certa vez: "Ninguém consegue se transformar num ótimo líder se quiser fazer tudo por conta própria, se quiser colher os louros da vitória sozinho". Ele estava certo. Ser um trabalhador competente não é o suficiente para um líder; liderança efetiva significa fazer a transição de mero fazedor ou cumpridor de tarefas para alguém capaz de conduzir o processo, e para que essa mudança seja bem conduzida é necessária uma boa dose de segurança pessoal.

Líderes seguros encampam o seu papel. Entendem que quando escolhem liderar, eles também escolhem definir o próprio sucesso de acordo com a performance de toda uma equipe. Eles veem mais valor na colaboração do que na competição. Como resultado, eles não se sentem ameaçados pelas conquistas dos seus liderados, e costumam compartilhar poder e reconhecer os méritos deles.

Líderes seguros acreditam em si mesmos e nas pessoas à sua volta. Pelo fato de confiar em seus pontos fortes e adotar uma visão realista em relação aos seus pontos fracos, eles conseguem apreciar os talentos dos integrantes da equipe e aceitar as suas falhas. Além disso, eles fazem questão de deixar claro que confiam nas pessoas, sempre encorajando e celebrando suas conquistas.

Líderes seguros conferem mais mérito aos outros do que para si mesmo, e aceitam a culpa em vez de querer impô-la aos demais. Enquanto líderes que padecem de uma profunda carência por validação ou reconhecimento de terceiros encontram dificuldade para tratar as pessoas ao redor da forma como eles gostariam de ser tratados, líderes seguros querem apenas ajudar seus subordinados a brilhar. E quando as coisas dão errado, eles nunca procuram bodes expiatórios. Eles assimilam a carga em benefício da equipe.

Uma posição de liderança é uma máquina de amplificação de falhas pessoais. Líderes inseguros são incapazes de oferecer segurança aos seus comandados, uma vez que não podem dar aquilo que não têm. Eles tendem a se sentir intimidados pelo sucesso alheio, de modo que se apegam ao poder e procuram minar os outros, dificultando a vida dos membros de sua equipe. E se alguém consegue crescer e se destacar apesar deles, líderes inseguros tentam fazer crer que os responsáveis pelos bons resultados são eles. Quando subordinados são boicotados e não recebem reconhecimento, eles ficam desmotivados e acabam não contribuindo da forma como poderiam. E quando isso acontece, a organização como um todo padece.

Estudos de caso

Leia esses estudos de caso da Bíblia e responda às perguntas a seguir.

1 Moisés e seus irmãos

Números 12:1-15

---

¹ Miriã e Arão começaram a criticar Moisés porque ele havia se casado com uma mulher etíope. ² "Será que o Senhor tem falado apenas por meio de Moisés?", perguntaram. "Também não tem ele falado por meio de nós?" E o Senhor ouviu isso.

³ Ora, Moisés era um homem muito paciente, mais do que qualquer outro que havia na terra.

⁴ Imediatamente o Senhor disse a Moisés, a Arão e a Miriã: "Dirijam-se à Tenda do Encontro, vocês três". E os três foram para lá. ⁵ Então o Senhor desceu numa coluna de nuvem e, pondo-se à entrada da Tenda, chamou Arão e Miriã. Os dois vieram à frente, ⁶ e ele disse:

"Ouçam as minhas palavras:

Quando entre vocês

há um profeta do Senhor,

a ele me revelo em visões,

LIÇÃO 17: SEGURANÇA

> em sonhos falo com ele.
> 7 Não é assim, porém,
> com meu servo Moisés,
> que é fiel em toda a minha casa
> 8 Com ele falo face a face,
> claramente, e não por enigmas;
> e ele vê a forma do Senhor.
> Por que não temeram
> criticar meu servo Moisés?"

9 Então a ira do Senhor acendeu-se contra eles, e ele os deixou.

10 Quando a nuvem se afastou da Tenda, Miriã estava leprosa, sua aparência era como a da neve. Arão voltou-se para Miriã, viu que ela estava com lepra 11 e disse a Moisés: "Por favor, meu senhor, não nos castigue pelo pecado que tão tolamente cometemos. 12 Não permita que ela fique como um feto abortado que sai do ventre de sua mãe com a metade do corpo destruído".

13 Então Moisés clamou ao Senhor: "Ó Deus, por misericórdia, concede-lhe cura!"

14 O Senhor respondeu a Moisés: "Se o pai dela lhe tivesse cuspido no rosto, não estaria ela envergonhada sete dias? Que fique isolada fora do acampamento sete dias; depois ela poderá ser trazida de volta". 15 Então Miriã ficou isolada sete dias fora do acampamento, e o povo não partiu enquanto ela não foi trazida de volta.

Perguntas para estudo

1. Por que Miriã, irmã mais velha de Moisés (Êxodo 2:4,7) e profetisa (Êxodo 15:20), criticou Moisés junto com seu irmão, Arão? Quanto você acha que isso tinha a ver com sua mulher cuxita?

   _____

   _____

   _____

   _____

   _____

21 QUALIDADES DE LÍDERES DA BÍBLIA

2. Se você estivesse no lugar de Moisés, e seus irmãos tivessem sido punidos por Deus, como teria se sentido? Justificado? Sensibilizado? Explique.

_____

_____

_____

_____

_____

_____

3. O fato de Moisés ter imediatamente suplicado a Deus pela cura de sua irmã diz o que sobre o servo de Deus?

_____

_____

_____

_____

_____

_____

4. A passagem bíblica diz que Moisés era "o homem mais humilde da face da terra" (v. 3), ainda que suas ações demonstrassem ser de um líder totalmente seguro. Como é possível harmonizar essas duas facetas de sua personalidade?

_____

_____

_____

_____

_____

_____

LIÇÃO 17: SEGURANÇA

2 Saul teme o sucesso de Davi

1Samuel 18:1-16

[1] *Depois dessa conversa de Davi com Saul, surgiu tão grande amizade entre Jônatas e Davi que Jônatas tornou-se o seu melhor amigo.* [2] *Daquele dia em diante, Saul manteve Davi consigo e não o deixou voltar à casa de seu pai.* [3] *E Jônatas fez um acordo de amizade com Davi, pois se tornara o seu melhor amigo.* [4] *Jônatas tirou o manto que estava vestindo e o deu a Davi, com sua túnica, e até sua espada, seu arco e seu cinturão.*

[5] *Tudo o que Saul lhe ordenava fazer, Davi fazia com tanta habilidade que Saul lhe deu um posto elevado no exército. Isso agradou a todo o povo, bem como aos conselheiros de Saul.*

[6] *Quando os soldados voltavam para casa, depois que Davi matou o filisteu, as mulheres saíram de todas as cidades de Israel ao encontro do rei Saul com cânticos e danças, com tamborins, com músicas alegres e instrumentos de três cordas.* [7] *As mulheres dançavam e cantavam:*

"Saul matou milhares,
e Davi, dezenas de milhares".

[8] *Saul ficou muito irritado com esse refrão e, aborrecido, disse: "Atribuíram a Davi dezenas de milhares, mas a mim apenas milhares. O que mais lhe falta senão o reino?"* [9] *Daí em diante Saul olhava com inveja para Davi.*

[10] *No dia seguinte, um espírito maligno mandado por Deus apoderou-se de Saul e ele entrou em transe em sua casa, enquanto Davi tocava harpa, como costumava fazer. Saul estava com uma lança na mão* [11] *e a atirou, dizendo: "Encravarei Davi na parede". Mas Davi desviou-se duas vezes.*

[12] *Saul tinha medo de Davi porque o Senhor o havia abandonado e agora estava com Davi.* [13] *Então afastou Davi de sua presença e deu-lhe o comando de uma tropa de mil soldados, que Davi conduzia em suas campanhas.* [14] *Ele tinha êxito em tudo o que fazia, pois o Senhor estava com ele.* [15] *Vendo isso, Saul teve muito medo dele.* [16] *Todo o Israel e todo o Judá, porém, gostavam de Davi, pois ele os conduzia em suas batalhas.*

21 QUALIDADES DE LÍDERES DA BÍBLIA

Perguntas para estudo

1. Qual falha em Saul o fez reagir de forma tão negativa a Davi?

2. Você acha que o fato de Jônatas ter aceitado Davi, sendo Jônatas herdeiro de Davi, fez com que Saul se sentisse mais ou menos ameaçado por Davi? Explique seu raciocínio.

3. O que teria acontecido se Saul tivesse comemorado e reconhecido publicamente as vitórias de Davi em vez de tentar matá-lo?

4. Como líderes devem agir para continuar a serem eficientes em prol de suas organizações quando alguém que está abaixo deles na hierarquia organizacional é talentoso, favorecido por Deus, bem-sucedido e se torna alvo de reconhecimento?

LIÇÃO 17: SEGURANÇA

3 Natã repreende um rei

2Samuel 12:1-19

[1] *E o Senhor enviou a Davi o profeta Natã. Ao chegar, ele disse a Davi: "Dois homens viviam numa cidade, um era rico e o outro, pobre.* [2] *O rico possuía muitas ovelhas e bois,* [3] *mas o pobre nada tinha, senão uma cordeirinha que havia comprado. Ele a criou, e ela cresceu com ele e com seus filhos. Ela comia junto dele, bebia do seu copo e até dormia em seus braços. Era como uma filha para ele.*

[4] *"Certo dia, um viajante chegou à casa do rico, e este não quis pegar uma de suas próprias ovelhas ou de seus bois para preparar-lhe uma refeição. Em vez disso, preparou para o visitante a cordeira que pertencia ao pobre".*

[5] *Então Davi encheu-se de ira contra o homem e disse a Natã: "Juro pelo nome do Senhor que o homem que fez isso merece a morte!* [6] *Deverá pagar quatro vezes o preço da cordeira, porquanto agiu sem misericórdia".*

[7] *"Você é esse homem!", disse Natã a Davi. E continuou: "Assim diz o Senhor, o Deus de Israel: 'Eu o ungi rei de Israel e o livrei das mãos de Saul.* [8] *Dei-lhe a casa e as mulheres do seu senhor. Dei-lhe a nação de Israel e Judá. E, se tudo isso não fosse suficiente, eu lhe teria dado mais ainda.* [9] *Por que você desprezou a palavra do Senhor, fazendo o que ele reprova? Você matou Urias, o hitita, com a espada dos amonitas e ficou com a mulher dele.* [10] *Por isso, a espada nunca se afastará de sua família, pois você me desprezou e tomou a mulher de Urias, o hitita, para ser sua mulher'.*

[11] *"Assim diz o Senhor: 'De sua própria família trarei desgraça sobre você. Tomarei as suas mulheres diante dos seus próprios olhos e as darei a outro; e ele se deitará com elas em plena luz do dia.* [12] *Você fez isso às escondidas, mas eu o farei diante de todo o Israel, em plena luz do dia'".*

[13] *Então Davi disse a Natã: "Pequei contra o Senhor!"*

E Natã respondeu: "O Senhor perdoou o seu pecado. Você não morrerá. [14] *Entretanto, uma vez que você insultou o Senhor, o menino morrerá".*

[15] *Depois que Natã foi para casa, o Senhor fez adoecer o filho que a mulher de Urias dera a Davi.* [16] *E Davi implorou a Deus em favor da criança. Ele jejuou e, entrando em casa, passou a noite deitado no chão.* [17] *Os oficiais do palácio tentaram fazê-lo levantar-se do chão, mas ele não quis, e recusou comer.*

¹⁸ Sete dias depois a criança morreu. Os conselheiros de Davi ficaram com medo de dizer-lhe que a criança estava morta, e comentaram: "Enquanto a criança ainda estava viva, falamos com ele, e ele não quis escutar-nos. Como vamos dizer-lhe que a criança morreu? Ele poderá cometer alguma loucura!"

¹⁹ Davi, percebendo que seus conselheiros cochichavam entre si, compreendeu que a criança estava morta e perguntou: "A criança morreu?"

Perguntas para estudo

1. Por que Natã confrontou Davi? Ele não poderia ter ficado quieto e esperado que Deus punisse o rei?

2. Até que ponto a segurança de Davi na sua própria capacidade de liderança foi levada em conta por Natã ao confrontá-lo e repreendê-lo?

LIÇÃO 17: SEGURANÇA

3. Se fosse confrontado pelo seu erro por um subordinado como Natã, como você reagiria? Como você reage quando pessoas da sua equipe discordam ou desafiam você?

_____

_____

_____

_____

_____

_____

_____

REFLEXÃO E *INSIGHTS* DE LIDERANÇA

Com quais líderes dessa passagem bíblica você se identifica: Miriã, Arão, Moisés, Saul, Davi, Jônatas ou Natã? O que você tem em comum com eles?

_____

_____

_____

_____

_____

_____

_____

Quais são as qualidades de um líder seguro, com base na leitura dessas passagens e em sua própria experiência e observações? Descreva-as.

_____

_____

_____

_____

_____

_____

_____

Quais das qualidades mencionadas você possui, e quais fazem falta a você?

PARTINDO PARA AÇÃO

Tornar-se um líder seguro é algo que requer um trabalho árduo por parte da própria pessoa, além da ajuda de Deus. Dedique tempo a orar, clamando a ajuda de Deus. Depois responda às seguintes perguntas.

Em quais situações você age de forma insegura?

Quais seriam algumas das causas da sua insegurança? (Peça a Deus para ajudá-lo a descobrir, então escreva o que vier à mente).

LIÇÃO 17: SEGURANÇA

De que maneira sua liderança melhoraria se você se aperfeiçoasse na prática de reconhecer o mérito dos outros, assumir culpa pelas falhas da equipe, além de comemorar quando as pessoas à sua volta são bem-sucedidas?

Como Deus deve estar te tocando para mudar? Como quer que Deus o ajude?

Perguntas para discussão em grupo

1. Como você acha que Moisés se sentiu quando as duas pessoas mais próximas a ele começaram a reclamar dele?

2. Como você normalmente lida com as críticas? O que determina a sua reação a elas?

3. Você já esteve em uma situação em que um irmão ou irmã, companheiro de trabalho, ou colega, era reiteradamente reconhecido e você se sentia ofuscado ou negligenciado? Como você reagiu?

4. Saul promoveu Davi por seus feitos, ainda que tentasse matá-lo também. Por que Saul demonstrou tamanha inconsistência? Que tipo de ambiente esse modelo de liderança pode criar?

5. Davi ficou bravo quando Natã contou a ele a história da cordeira. Quando Natã disse "Você é esse homem" (2Samuel 12:7); Davi poderia ter descarregado sua raiva em Natã e tentado se defender. Em vez disso, ele se arrependeu. Quais qualidades em Davi tornaram esse arrependimento possível?

6. Qual foi o seu maior aprendizado sobre si mesmo relacionado ao tópico da segurança dessa lição?

7. Como você precisa mudar para se tornar um líder mais seguro? O que você fará, e quando?

LIÇÃO 18

AUTODISCIPLINA
A Primeira Pessoa que Você
Lidera é Você Mesmo

A QUALIDADE DEFINIDA

A pessoa mais difícil de liderar é sempre você mesmo. Mas líderes precisam liderar a si mesmos em primeiro lugar antes que possam influenciar de forma efetiva qualquer outra pessoa. Isso acontece porque é extremamente complicado seguir um líder indisciplinado. Subordinados são beneficiados com ordens claras e planejamento, caso contrário, sentem-se como se estivessem à mercê dos caprichos do chefe. E isso faz com que eles confiem cada menos no seu superior. Além disso, autodisciplina não é algo fácil de aprender e colocar em prática. Liderados precisam enxergar consistência no líder em relação a este aspecto ao longo do tempo, de modo que também possam aceitar e colocar a autodisciplina em prática.

O que é autodisciplina em um líder? É a prática regular, consistente e contínua de atividades que produzem benefícios de longo prazo para si e sua equipe. É um estilo de vida ou hábito, não uma promessa vazia ou evento isolado. Líderes com autodisciplina sabem o que tem importância e por quê. Eles têm definidas suas grandes prioridades e são capazes de explicar os motivos pelos quais as têm.

Outra característica é que líderes autodisciplinados se comprometem com objetivos. Eles demarcam limites claros ao declarar suas intenções publicamente em voz alta ou por escrito. E quando se torna difícil manter a disciplina, seja porque estão distraídos ou desmotivados, eles lembram a si mesmos dos benefícios de se manter firmes no propósito.

21 QUALIDADES DE LÍDERES DA BÍBLIA

Uma das maneiras como líderes mantêm a autodisciplina é por meio da criação de rotinas e sistemas. E eles se responsabilizam por segui-los à risca. Dessa forma, tarefas importantes são menos suscetíveis a serem esquecidas ou deixadas de lado por causa de outras atividades.

Autodisciplina é a chave para o sucesso sustentado em liderança. Apenas os líderes que conduzem a si mesmos de forma consistente por meio de um estilo de vida marcado pela sistematização de prioridades conseguem atingir objetivos de longo prazo. Isso motiva seus liderados a atingir seu potencial no longo prazo também.

ESTUDOS DE CASO

Leia esses estudos de caso da Bíblia e responda às perguntas a seguir.

1 O salmista roga por autodisciplina

Salmos 119:1-16

¹ Como são felizes os que andam
em caminhos irrepreensíveis,
que vivem conforme a lei do Senhor!
² Como são felizes os que obedecem
aos seus estatutos
e de todo o coração o buscam!
³ Não praticam o mal
e andam nos caminhos do Senhor.
⁴ Tu mesmo ordenaste os teus preceitos
para que sejam fielmente obedecidos.
⁵ Quem dera fossem firmados os meus caminhos
na obediência aos teus decretos.
⁶ Então não ficaria decepcionado
ao considerar todos os teus mandamentos.
⁷ Eu te louvarei de coração sincero
quando aprender as tuas justas ordenanças.
⁸ Obedecerei aos teus decretos;
nunca me abandones.

LIÇÃO 18: AUTODISCIPLINA

⁹ Como pode o jovem
    manter pura a sua conduta?
Vivendo de acordo com a tua palavra.
¹⁰ Eu te busco de todo o coração;
    não permitas que eu me desvie
    dos teus mandamentos.
¹¹ Guardei no coração a tua palavra
    para não pecar contra ti.
¹² Bendito sejas, Senhor!
Ensina-me os teus decretos.
¹³ Com os lábios repito
    todas as leis que promulgaste.
¹⁴ Regozijo-me em seguir os teus testemunhos
    como o que se regozija com grandes riquezas.
¹⁵ Meditarei nos teus preceitos
    e darei atenção às tuas veredas.
¹⁶ Tenho prazer nos teus decretos;
    não me esqueço da tua palavra.

Perguntas para estudo

1. Por que você acha que o salmista escreveu este salmo? O que o
   deve ter motivado?

   _____

   _____

   _____

   _____

2. Quais são os benefícios da autodisciplina? Como o salmista
   os descreve?

   _____

   _____

   _____

   _____

21 QUALIDADES DE LÍDERES DA BÍBLIA

3. Como é possível praticar a autodisciplina? No que ela é baseada?

_____

_____

_____

_____

2 Jesus se prepara para iniciar seu ministério

Lucas 4:1-21

¹ *Jesus, cheio do Espírito Santo, voltou do Jordão e foi levado pelo Espírito ao deserto, ² onde, durante quarenta dias, foi tentado pelo Diabo. Não comeu nada durante esses dias e, ao fim deles, teve fome.*

³ *O Diabo lhe disse: "Se és o Filho de Deus, manda esta pedra transformar-se em pão".*

⁴ *Jesus respondeu: "Está escrito: 'Nem só de pão viverá o homem'".*

⁵ *O Diabo o levou a um lugar alto e mostrou-lhe num relance todos os reinos do mundo. ⁶ E lhe disse: "Eu te darei toda a autoridade sobre eles e todo o seu esplendor, porque me foram dados e posso dá-los a quem eu quiser. ⁷ Então, se me adorares, tudo será teu".*

⁸ *Jesus respondeu: "Está escrito: 'Adore o Senhor, o seu Deus, e só a ele preste culto".*

⁹ *O Diabo o levou a Jerusalém, colocou-o na parte mais alta do templo e lhe disse: "Se és o Filho de Deus, joga-te daqui para baixo. ¹⁰ Pois está escrito:*

"'Ele dará ordens a seus anjos a seu respeito,
para o guardarem;
¹¹ *com as mãos eles o segurarão,*
para que você não tropece
em alguma pedra'".

¹² *Jesus respondeu: "Dito está: 'Não ponha à prova o Senhor, o seu Deus'.*

¹³ *Tendo terminado todas essas tentações, o Diabo o deixou até ocasião oportuna.*

¹⁴ *Jesus voltou para a Galileia no poder do Espírito, e por toda aquela região se espalhou a sua fama. ¹⁵ Ensinava nas sinagogas, e todos o elogiavam.*

LIÇÃO 18: AUTODISCIPLINA

[16] *Ele foi a Nazaré, onde havia sido criado, e no dia de sábado entrou na sinagoga, como era seu costume. E levantou-se para ler.* [17] *Foi-lhe entregue o livro do profeta Isaías. Abriu-o e encontrou o lugar onde está escrito:*

[18] *"O Espírito do Senhor*
está sobre mim,
porque ele me ungiu
para pregar boas novas
aos pobres.
Ele me enviou
para proclamar liberdade
aos presos
e recuperação da vista
aos cegos,
para libertar os oprimidos
[19] *e proclamar o ano da graça*
do Senhor".

[20] *Então ele fechou o livro, devolveu-o ao assistente e assentou-se. Na sinagoga todos tinham os olhos fitos nele;* [21] *e ele começou a dizer-lhes: "Hoje se cumpriu a Escritura que vocês acabaram de ouvir".*

Perguntas para estudo

1. Por que você acha que o Espírito Santo conduziu Jesus ao deserto onde ele seria tentado?

21 QUALIDADES DE LÍDERES DA BÍBLIA

2. Como Jesus lidou com a tentação? Qual foi a chave para sua capacidade de resistir?

3. Quais tipos de tentação Jesus enfrentou? Quais tipos de tentação a maioria dos líderes enfrenta?

4. Quando Jesus leu os escritos de Isaías e anunciou que as escrituras estavam sendo cumpridas, ele começou seu ministério público. Como o tempo que ele passou no deserto o preparou para isso?

3 O conselho de Paulo

1Coríntios 9:24-27

[24] Vocês não sabem que de todos os que correm no estádio, apenas um ganha o prêmio? Corram de tal modo que alcancem o prêmio. [25] Todos os que competem nos jogos se submetem a um treinamento rigoroso, para obter uma coroa que logo perece; mas nós o fazemos para ganhar uma coroa que dura para sempre. [26] Sendo assim, não corro como quem corre sem alvo, e não luto como quem esmurra o ar. [27] Mas esmurro o meu corpo e faço dele meu escravo, para que, depois de ter pregado aos outros, eu mesmo não venha a ser reprovado.

LIÇÃO 18: AUTODISCIPLINA

1Coríntios 10:1-13, 23-24

¹ Porque não quero, irmãos, que vocês ignorem o fato de que todos os nossos antepassados estiveram sob a nuvem e todos passaram pelo mar. ² Em Moisés, todos eles foram batizados na nuvem e no mar. ³ Todos comeram do mesmo alimento espiritual ⁴ e beberam da mesma bebida espiritual; pois bebiam da rocha espiritual que os acompanhava, e essa rocha era Cristo. ⁵ Contudo, Deus não se agradou da maioria deles; por isso os seus corpos ficaram espalhados no deserto.

⁶ Essas coisas ocorreram como exemplos para nós, para que não cobicemos coisas más, como eles fizeram. ⁷ Não sejam idólatras, como alguns deles foram, conforme está escrito: "O povo se assentou para comer e beber, e levantou-se para se entregar à farra". ⁸ Não pratiquemos imoralidade, como alguns deles fizeram – e num só dia morreram vinte e três mil. ⁹ Não devemos pôr o Senhor à prova, como alguns deles fizeram – e foram mortos por serpentes. ¹⁰ E não se queixem, como alguns deles se queixaram – e foram mortos pelo anjo destruidor.

¹¹ Essas coisas aconteceram a eles como exemplos e foram escritas como advertência para nós, sobre quem tem chegado o fim dos tempos. ¹² Assim, aquele que julga estar firme, cuide-se para que não caia! ¹³ Não sobreveio a vocês tentação que não fosse comum aos homens. E Deus é fiel; ele não permitirá que vocês sejam tentados além do que podem suportar. Mas, quando forem tentados, ele mesmo lhes providenciará um escape, para que o possam suportar....

²³ "Tudo é permitido", mas nem tudo convém. "Tudo é permitido", mas nem tudo edifica. ²⁴ Ninguém deve buscar o seu próprio bem, mas sim o dos outros.

Perguntas para estudo

1. Como Paulo descreve a forma como devemos praticar a autodisciplina? Até que ponto você se identifica com essa analogia? Explique.

225

2. Por que você acha que Paulo descreve o que aconteceu com os filhos de Israel durante o Êxodo neste ensinamento sobre como nós nos devemos conduzir?

3. Qual sua reação à afirmação de Paulo de que Deus não deixará o povo ser tentado além do que é possível suportar? Isso te encoraja? Faz você se sentir culpado por lapsos do passado em autodisciplina? Ambos? Explique.

4. Como é possível utilizar o conhecimento das afirmações de Paulo para fortalecer-se no caminho da autodisciplina?

5. Em Romanos, Paulo afirma que os seguidores de Cristo não estão debaixo da lei, mas debaixo da graça (veja 6:15-16). Essa ideia é ecoada pelos versículos, mas Paulo diz também que, apesar de

LIÇÃO 18: AUTODISCIPLINA

termos o direito de fazer o que quisermos, nem tudo é benéfico ou edificante. Cite alguns exemplos dessa constatação. Como a autodisciplina deve ser aplicada nas decisões que tomamos?

_____

_____

_____

_____

_____

_____

REFLEXÃO E *INSIGHTS* DE LIDERANÇA

De que forma as abordagens em relação à autodisciplina feitas pelo salmista, por Jesus e por Paulo diferem entre si? E de que maneira se assemelham?

_____

_____

_____

_____

_____

_____

Com base nas passagens bíblicas, quais são as diretrizes ou componentes que fortalecem uma pessoa na prática da autodisciplina divina?

_____

_____

_____

_____

_____

_____

21 QUALIDADES DE LÍDERES DA BÍBLIA

Quão bem-sucedido você é em viver diariamente na prática essas diretrizes? Onde você se dá bem e onde você enfrenta dificuldades?

Quais objetivos você tem como líder e que não está conseguindo atingir porque sua autodisciplina não é desenvolvida o suficiente?

O que mudaria para você, sua equipe e sua organização, se você conseguisse praticar autodisciplina e atingisse esses objetivos?

LIÇÃO 18: AUTODISCIPLINA

PARTINDO PARA AÇÃO

Que passo específico e concreto você precisa tomar para se tornar mais autodisciplinado e consequentemente um líder melhor?

_____

_____

_____

_____

_____

_____

_____

_____

Quando você poderá dar este passo? _____

Por quanto tempo você vai manter esse esforço de forma intencional e insistir nisso até que se transforme em um hábito? Vinte e um dias? Trinta dias? Mais tempo? Tome nota do seu compromisso aqui.

_____

_____

_____

_____

_____

_____

_____

_____

_____

Perguntas para discussão em grupo

1. Você concorda que a pessoa mais difícil para liderar é sempre você mesmo? Fundamente sua resposta.

2. Quais partes dos Salmos abordados nesta lição lidam com o tema autodisciplina?

3. Paulo disse que quando somos tentados, Deus sempre dá um escape. Essa afirmação procede com você? Em que áreas você tem sido tentado, porém se mantido firme?

4. Quais áreas têm sido cronicamente complicadas para você em se tratando de tentação? Onde Deus tem dado escapes que você deixou de usar no passado? Como é possível melhorar a capacidade de utilizar esses escapes?

5. Para quem o salmista, Jesus e Paulo se dirigiam em busca da autodisciplina? Onde você deve buscá-la?

6. Qual seu maior aprendizado sobre autodisciplina dessa lição?

7. Qual ação você acredita que Deus está o levando a tomar para se tornar mais autodisciplinado? Quando e como colocará o plano em prática?

LIÇÃO 19

DISPOSIÇÃO PARA SERVIR

A Intenção Correta
Te Levará Longe

A QUALIDADE DEFINIDA

Quando pensa em disposição para servir, você enxerga esta qualidade como algo relativo a pessoas pouco qualificadas nos patamares inferiores da hierarquia organizacional? Se sim, você está com a impressão errada. Disposição para servir não é uma questão de posição, *status* ou habilidade. Na realidade, Jesus deixou isso bem claro ao ensinar que o maior deve se fazer o menor. O quadro hierárquico deveria ser colocado de cabeça para baixo. Quanto mais elevados os líderes, mais eles deveriam servir, colocando as suas próprias prioridades a serviço das prioridades dos seus comandados. Isso significa mais do que simplesmente deixar interesses particulares de lado. Significa escolher de forma intencional aprender sobre os desejos das pessoas, atribuir mais valor às necessidades delas do que às próprias, além de tomar ações concretas para atendê-las.

A disposição de servir não deve jamais ser motivada por manipulação ou autopromoção. Com frequência, a disposição para servir demonstrada por um líder é motivada por um desejo tácito de ser admirado ou bem-visto pelos demais. Mas esse nunca deveria ser o objetivo. Líderes verdadeiramente dispostos a servir são guiados por amor e altruísmo. Eles servem seus subordinados porque desejam o melhor para eles.

Pelo fato de líderes-servos colocarem as necessidades dos outros em primeiro lugar, eles precisam primeiramente estar seguros de si mesmos. A insegurança é o inimigo da disposição para servir. Líderes que pensam que são importantes demais para servir são essencialmente inseguros. Afinal de contas, a forma como tratamos os outros é na realidade um reflexo da maneira como nós enxergamos a nós mesmos. Líderes que acreditam e aceitam a si mesmos são os mais capazes de demonstrar aceitação e acreditar nos outros.

Para ser um servo, um líder precisa estar pronto para se colocar na linha de frente da batalha. Qualquer um pode servir se for compelido ou obrigado. E alguns se tornam servos em momentos de crise. Mas quando líderes tomam a iniciativa de servir aos outros independentemente das circunstâncias, eles revelam verdadeiramente quem são. Líderes-servos enxergam a necessidade, aproveitam a oportunidade e servem sem esperar nada em troca.

Tornar-se um líder-servo é a coisa certa a fazer de acordo com a Palavra de Deus. Mas é a coisa pragmática a ser feita também. As pessoas não gostam de servir um líder que requer servidão. Elas voluntariamente seguem líderes que as servem. Quando os líderes colocam os outros em primeiro lugar, os subordinados costumam agir da mesma forma. Isso cria um ambiente produtivo e prazeroso para toda a equipe. E todos são livres para crescer juntos.

ESTUDOS DE CASO

Leia esses estudos de caso da Bíblia e responda às perguntas a seguir.

1 Davi defende os homens que ficaram para trás

1Samuel 30:1-31

¹ *Quando Davi e seus soldados chegaram a Ziclague, no terceiro dia, os amalequitas tinham atacado o Neguebe e incendiado a cidade de Ziclague.* ² *Levaram como prisioneiros todos os que lá estavam: as mulheres, os jovens e os idosos. A ninguém mataram, mas os levaram consigo, quando prosseguiram seu caminho.*

³ *Ao chegarem a Ziclague, Davi e seus soldados encontraram a cidade destruída pelo fogo e viram que suas mulheres, seus filhos e suas filhas tinham sido levados como prisioneiros.* ⁴ *Então Davi e seus soldados choraram em alta voz até não terem mais forças.* ⁵ *As duas mulheres de Davi também tinham sido levadas: Ainoã, de Jezreel, e Abigail, de Carmelo, a que fora mulher de Nabal.* ⁶ *Davi ficou profundamente angustiado, pois os homens falavam em apedrejá-lo; todos estavam amargurados por causa*

LIÇÃO 19: DISPOSIÇÃO PARA SERVIR

de seus filhos e de suas filhas. Davi, porém, fortaleceu-se no Senhor, o seu Deus.

⁷ Então Davi disse ao sacerdote Abiatar, filho de Aimeleque: "Traga-me o colete sacerdotal". Abiatar o trouxe a Davi, ⁸ e ele perguntou ao Senhor: "Devo perseguir esse bando de invasores? Irei alcançá-los?"

E o Senhor respondeu: "Persiga-os; é certo que você os alcançará e conseguirá libertar os prisioneiros".

⁹ Davi e os seiscentos homens que estavam com ele foram ao ribeiro de Besor, onde ficaram alguns, ¹⁰ pois duzentos deles estavam exaustos demais para atravessar o ribeiro. Todavia, Davi e quatrocentos homens continuaram a perseguição.

¹¹ Encontraram um egípcio no campo e o trouxeram a Davi. Deram-lhe água e comida: ¹² um pedaço de bolo de figos prensados e dois bolos de uvas passas. Ele comeu e recobrou as forças, pois tinha ficado três dias e três noites sem comer e sem beber.

¹³ Davi lhe perguntou: "A quem você pertence e de onde vem?"

Ele respondeu: "Sou um jovem egípcio, servo de um amalequita. Meu senhor me abandonou quando fiquei doente há três dias. ¹⁴ Nós atacamos o Neguebe dos queretitas, o território que pertence a Judá e o Neguebe de Calebe. E incendiamos a cidade de Ziclague".

¹⁵ Davi lhe perguntou: "Você pode levar-me até esse bando de invasores?"

Ele respondeu: "Jura, diante de Deus, que não me matarás nem me entregarás nas mãos de meu senhor, e te levarei até eles".

¹⁶ Quando ele levou Davi até lá, os amalequitas estavam espalhados pela região, comendo, bebendo e festejando os muitos bens que haviam tomado da terra dos filisteus e de Judá. ¹⁷ Davi os atacou no dia seguinte, desde o amanhecer até a tarde, e nenhum deles escapou, com exceção de quatrocentos jovens que montaram em camelos e fugiram. ¹⁸ Davi recuperou tudo o que os amalequitas tinham levado, incluindo suas duas mulheres. ¹⁹ Nada faltou: nem jovens, nem velhos, nem filhos, nem filhas, nem bens, nem qualquer outra coisa que fora levada. Davi recuperou tudo. ²⁰ E tomou também todos os rebanhos dos amalequitas, e seus soldados os conduziram à frente dos outros animais, dizendo: "Estes são os despojos de Davi".

²¹ Então Davi foi até os duzentos homens que estavam exaustos demais para segui-lo e tinham ficado no ribeiro de Besor. Eles saíram para receber Davi e os que estavam com ele. Ao se aproximar com seus soldados, Davi os saudou. ²² Mas todos os elementos maus e vadios que tinham ido com

2 1 QUALIDADES DE LÍDERES DA BÍBLIA

Davi disseram: "Uma vez que não saíram conosco, não repartiremos com eles os bens que recuperamos. No entanto, cada um poderá pegar sua mulher e seus filhos e partir".

²³ Davi respondeu: "Não, meus irmãos! Não façam isso com o que o Senhor nos deu. Ele nos protegeu e entregou em nossas mãos os bandidos que vieram contra nós. ²⁴ Quem concordará com o que vocês estão dizendo? A parte de quem ficou com a bagagem será a mesma de quem foi à batalha. Todos receberão partes iguais". ²⁵ Davi fez disso um decreto e uma ordenança para Israel, desde aquele dia até hoje.

²⁶ Quando Davi chegou a Ziclague, enviou parte dos bens às autoridades de Judá, que eram seus amigos, dizendo: "Eis um presente para vocês, tirado dos bens dos inimigos do Senhor".

²⁷ Ele enviou esse presente às autoridades de Betel, de Ramote do Neguebe, de Jatir, ²⁸ de Aroer, de Sifmote, de Estemoa, ²⁹ de Racal, das cidades dos jerameelitas e dos queneus, ³⁰ de Hormá, de Corasã, de Atace, ³¹ de Hebrom e de todos os lugares onde Davi e seus soldados tinham passado.

Perguntas para estudo

1. Você considera que a decisão de Davi de compartilhar o despojo foi justa e correta ou generosa e paternalista? Explique.

2. O que deve ter motivado Davi a tomar aquela decisão? E por que você acha que ele enviou parte dos despojos aos anciãos de Judá?

LIÇÃO 19: DISPOSIÇÃO PARA SERVIR

3. Por que você acha que os combatentes vitoriosos declararam que as ovelhas e vacas adicionais eram o despojo de Davi? Por que Davi não aceitou aquilo em seu coração de modo a ficar com tudo para si?

_____

_____

_____

_____

_____

4. Como você descreveria a habilidade e o estilo de liderança de Davi nesta passagem? Como ele lidou com a descoberta de que suas famílias haviam sido levadas? Como ele lidou com a batalha? Como ele lidou com a disputa entre os quatrocentos homens e os duzentos que ficaram para trás? Como ele lidou com o povo daquela área?

_____

_____

_____

_____

_____

2 O samaritano para a fim de ajudar

Lucas 10:25-37

[25] *Certa ocasião, um perito na lei levantou-se para pôr Jesus à prova e lhe perguntou: "Mestre, o que preciso fazer para herdar a vida eterna?"*

[26] *"O que está escrito na Lei?", respondeu Jesus. "Como você a lê?"*

[27] *Ele respondeu: "'Ame o Senhor, o seu Deus, de todo o seu coração, de toda a sua alma, de todas as suas forças e de todo o seu entendimento' e 'Ame o seu próximo como a si mesmo'*

[28] *Disse Jesus: "Você respondeu corretamente. Faça isso, e viverá".*

[29] *Mas ele, querendo justificar-se, perguntou a Jesus: "E quem é o meu próximo?"*

30 Em resposta, disse Jesus: "Um homem descia de Jerusalém para Jericó, quando caiu nas mãos de assaltantes. Estes lhe tiraram as roupas, espancaram-no e se foram deixando-o quase morto. 31 Aconteceu estar descendo pela mesma estrada um sacerdote. Quando viu o homem, passou pelo outro lado. 32 E assim também um levita; quando chegou ao lugar e o viu, passou pelo outro lado. 33 Mas um samaritano, estando de viagem, chegou onde se encontrava o homem e, quando o viu, teve piedade dele. 34 Aproximou-se, enfaixou-lhe as feridas, derramando nelas vinho e óleo. Depois colocou-o sobre o seu próprio animal, levou-o para uma hospedaria e cuidou dele. 35 No dia seguinte, deu dois denários ao hospedeiro e lhe disse: 'Cuide dele. Quando eu voltar lhe pagarei todas as despesas que você tiver'.

36 "Qual destes três você acha que foi o próximo do homem que caiu nas mãos dos assaltantes?"

37 "Aquele que teve misericórdia dele", respondeu o perito na lei. Jesus disse, "Vá e faça o mesmo."

Perguntas para estudo

1. O que o perito na lei estava tentando conseguir em seu diálogo com Jesus? Qual foi o resultado da conversa?

2. Nessa parábola, por que Jesus escolheu um sacerdote e um levita para serem os personagens a passar pelo homem machucado? O que Jesus queria mostrar com isso?

LIÇÃO 19: DISPOSIÇÃO PARA SERVIR

3. Quando Jesus perguntou ao perito na lei quem agiu como o próximo do homem que caiu nas mãos dos assaltantes, o perito respondeu que foi aquele que agiu com misericórdia. Até que ponto misericórdia e compaixão são atributos importantes quando o que está em jogo é a disposição para servir?

_____

_____

_____

_____

_____

_____

4. Como é possível exercer a liderança de uma maneira eficiente e, ao mesmo tempo, amar a Deus e ao seu próximo como a si mesmo? Em seu caso específico, quão difícil é conciliar tudo isso?

_____

_____

_____

_____

_____

_____

3 Jesus dá uma demonstração final

João 13:1-17

¹ Um pouco antes da festa da Páscoa, sabendo Jesus que havia chegado o tempo em que deixaria este mundo e iria para o Pai, tendo amado os seus que estavam no mundo, amou-os até o fim.

² Estava sendo servido o jantar, e o Diabo já havia induzido Judas Iscariotes, filho de Simão, a trair Jesus. ³ Jesus sabia que o Pai havia colocado todas as coisas debaixo do seu poder, e que viera de Deus e estava voltando para Deus; ⁴ assim, levantou-se da mesa, tirou sua capa e colocou uma toalha em volta da cintura. ⁵ Depois disso, derramou água numa bacia e começou a lavar os pés dos seus discípulos, enxugando-os com a toalha que estava em sua cintura.

⁶ Chegou-se a Simão Pedro, que lhe disse: "Senhor, vais lavar os meus pés?"

⁷ Respondeu Jesus: "Você não compreende agora o que estou lhe fazendo; mais tarde, porém, entenderá".

⁸ Disse Pedro: "Não; nunca lavarás os meus pés!".

Jesus respondeu: "Se eu não os lavar, você não terá parte comigo".

⁹ Respondeu Simão Pedro: "Então, Senhor, não apenas os meus pés, mas também as minhas mãos e a minha cabeça!"

¹⁰ Respondeu Jesus: "Quem já se banhou precisa apenas lavar os pés; todo o seu corpo está limpo. Vocês estão limpos, mas nem todos". ¹¹ Pois ele sabia quem iria traí-lo, e por isso disse que nem todos estavam limpos.

¹² Quando terminou de lavar-lhes os pés, Jesus tornou a vestir sua capa e voltou ao seu lugar. Então lhes perguntou: "Vocês entendem o que lhes fiz? ¹³ Vocês me chamam 'Mestre' e 'Senhor', e com razão, pois eu o sou. ¹⁴ Pois bem, se eu, sendo Senhor e Mestre de vocês, lavei-lhes os pés, vocês também devem lavar os pés uns dos outros. ¹⁵ Eu lhes dei o exemplo, para que vocês façam como lhes fiz. ¹⁶ Digo-lhes verdadeiramente que nenhum escravo é maior do que o seu senhor, como também nenhum mensageiro é maior do que aquele que o enviou. ¹⁷ Agora que vocês sabem estas coisas, felizes serão se as praticarem.

Perguntas para estudo

1. Por que Jesus lavou os pés dos discípulos?

LIÇÃO 19: DISPOSIÇÃO PARA SERVIR

2. Até que ponto um líder-servo precisa ter a capacidade de se colocar no lugar das pessoas, tanto do ponto de vista físico como emocional? Explique.

_____

_____

_____

_____

3. De que maneira a compreensão de Jesus sobre si mesmo e sobre quem ele era contribuiu para que ele pudesse servir os outros? Qual a importância da autocompreensão e da perspectiva pessoal na disposição de um líder para servir, e na forma como serve os membros de sua equipe?

_____

_____

_____

_____

Reflexão e *INSIGHTS* de liderança

Qual era o propósito de Davi ao compartilhar os despojos com os homens que ficaram para trás? Por que ele liderou da forma como o fez? O que ele esperava ganhar?

_____

_____

_____

_____

Qual era o propósito de Jesus ao liderar seus discípulos? O que ele esperava ganhar?

_____

_____

_____

_____

21 QUALIDADES DE LÍDERES DA BÍBLIA

Qual o seu propósito em liderar outras pessoas? O que você espera ganhar? O que você deveria esperar ganhar?

_____
_____
_____
_____
_____
_____
_____

PARTINDO PARA AÇÃO

Davi, o bom samaritano e Jesus faziam além do que era esperado para servir as pessoas. Com qual frequência você faz isso? Até que ponto isso faz parte do seu estilo de liderança?

_____
_____
_____
_____
_____
_____

Quanto você precisa mudar para se tornar um líder-servo? O que precisa mudar no seu coração, pensamento e atitude?

_____
_____
_____
_____
_____
_____
_____

LIÇÃO 19: DISPOSIÇÃO PARA SERVIR

O que precisa mudar nas suas ações cotidianas?

_____

_____

_____

_____

_____

_____

_____

_____

Quando e como você pretende dar início a essas mudanças?

_____

_____

_____

_____

_____

_____

_____

_____

Perguntas para discussão em grupo

1. Como Davi teria lidado com a situação difícil que enfrentou se não tivesse "se fortalecido no Senhor, seu Deus" (1Samuel 30:6) ou consultado Deus sobre se deveria perseguir os invasores? O que teria acontecido?

2. Os samaritanos eram desprezados pelos israelitas no tempo de Jesus. Qual efeito você acha que a parábola teve nos ouvintes de Jesus, uma vez que o samaritano estava disposto a servir enquanto o sacerdote e o levita não?

3. Quando você encontra uma pessoa em dificuldade ou se depara com uma situação em que é possível atender os outros, como você avalia tais circunstâncias? Em quais momentos entra de cabeça para ajudar e em quais prefere ficar na retaguarda?

4. Quando você sabe que deve entrar em uma situação para ajudar seus subordinados?

5. Por que você acha que Pedro pediu a Jesus para lavar mais do que seus pés? Por que acha que Jesus disse não?

6. Há momentos em que o líder não deve ajudar os integrantes de sua equipe? Explique.

7. Como se tornar um melhor líder-servo? Que ação você acredita que Deus o está levando a tomar nessa área? O que você fará e quando?

LIÇÃO 20

DISPOSIÇÃO PARA APRENDER

Para Seguir Liderando,
Continue Aprendendo

A QUALIDADE DEFINIDA

Seja o que for: aquilo que te ajudou a se tornar um líder vai continuar te dando condições para seguir liderando. Líderes que se sentem confortáveis com o *status quo* tendem a perder influência e eficiência com o passar do tempo. Consequentemente, para continuar liderando, devemos continuar aprendendo.

Pense sobre isso desta forma:

Seu crescimento determina quem você é.
Quem você é determina o que você atrai.
O que você atrai determina o sucesso da sua organização.

Líderes que querem que suas organizações prosperem precisam se manter aptos a aprender. Como? Recusando-se a ceder à síndrome do destino final. Muitas pessoas enxergam seus objetivos como linhas de chegada. Mas a realidade é que nunca cruzamos uma linha de chegada enquanto vivemos. Existe sempre mais a ser explorado após cada meta atingida. Líderes precisam crescer de forma contínua para seguir avançando ao lado de seus colaboradores. Para crescer, precisam aprender. Para aprender, precisam manter-se aptos a serem ensinados.

Bons líderes sabem que experiências bem-sucedidas no passado não servem como garantia para um futuro de sucesso. Todo time começa a preparação novamente antes de uma nova temporada – mesmo depois de ter vencido o campeonato. E os bons líderes sabem que as habilidades que os ajudaram a

243

2 1 QUALIDADES DE LÍDERES DA BÍBLIA

chegar lá não irão, necessariamente, mantê-los lá. Aprender é essencial para dar continuidade às vitórias.

Para preservar a capacidade de serem ensinados, líderes precisam de muito mais do que simplesmente aceitar o desconforto do processo de aprendizado; é necessário buscar a sensação de desconforto. Aprender qualquer assunto a partir da "estaca zero" pode ser algo assustador, um golpe duro demais no orgulho pessoal. Mas é impossível evoluir sem ficar perplexo e sem cometer erros.

Assim, pergunte a si mesmo quando foi a última vez que você tentou ou experimentou algo diferente pela primeira vez? Sua resposta revelará muito acerca de si mesmo – e sobre quão promissor será seu futuro.

ESTUDOS DE CASO

Leia esses estudos de caso da Bíblia e responda às perguntas a seguir.

1 Rei Nabucodonosor aprende por meio do sofrimento

Daniel 4:4-37

4 Eu, Nabucodonosor, estava satisfeito e próspero em casa, no meu palácio. 5 Tive um sonho que me deixou alarmado. Estando eu deitado em minha cama, os pensamentos e visões que passaram pela minha mente deixaram-me aterrorizado. 6 Por isso decretei que todos os sábios da Babilônia fossem trazidos à minha presença para interpretarem o sonho para mim. 7 Quando os magos, os encantadores, os astrólogos e os adivinhos vieram, contei-lhes o sonho, mas eles não puderam interpretá-lo. 8 Por fim veio Daniel à minha presença e eu lhe contei o sonho. Ele é chamado Beltessazar, em homenagem ao nome do meu deus; e o espírito dos santos deuses está nele.

9 Eu disse: Beltessazar, chefe dos magos, sei que o espírito dos santos deuses está em você, e que nenhum mistério é difícil demais para você. Vou contar-lhe o meu sonho; interprete-o para mim. 10 Estas são as visões que tive quando estava deitado em minha cama: olhei, e diante de mim estava uma árvore muito alta no meio da terra. 11 A árvore cresceu tanto que a sua copa encostou no céu; era visível até os confins da terra. 12 Tinha belas folhas, muitos frutos, e nela havia alimento para todos. Debaixo dela

LIÇÃO 20 : DISPOSIÇÃO PARA APRENDER

os animais do campo achavam abrigo, e as aves do céu viviam em seus galhos; todas as criaturas se alimentavam daquela árvore.

¹³ Nas visões que tive deitado em minha cama, olhei e vi diante de mim uma sentinela, um anjo que descia do céu; ¹⁴ ele gritou em alta voz: "Derrubem a árvore e cortem os seus galhos; arranquem as suas folhas e espalhem os seus frutos. Fujam os animais de debaixo dela e as aves dos seus galhos. ¹⁵ Mas deixem o toco e as suas raízes, presos com ferro e bronze; fique ele no chão, em meio à relva do campo.

"Ele será molhado com o orvalho do céu e com os animais comerá a grama da terra. ¹⁶ A mente humana lhe será tirada, e ele será como um animal, até que se passem sete tempos.

¹⁷ "A decisão é anunciada por sentinelas, os anjos declaram o veredicto, para que todos os que vivem saibam que o Altíssimo domina sobre os reinos dos homens e os dá a quem quer, e põe no poder o mais simples dos homens".

¹⁸ Esse é o sonho que eu, o rei Nabucodonosor, tive. Agora, Beltessazar, diga-me o significado do sonho, pois nenhum dos sábios do meu reino consegue interpretá-lo para mim, exceto você, pois o espírito dos santos deuses está em você.

¹⁹ Então Daniel, também chamado Beltessazar, ficou estarrecido por algum tempo, e os seus pensamentos o deixaram aterrorizado. Então o rei disse: "Beltessazar, não deixe que o sonho ou a sua interpretação o assuste".

Beltessazar respondeu: "Meu senhor, quem dera o sonho só se aplicasse aos teus inimigos e o seu significado somente aos teus adversários! ²⁰ A árvore que viste, que cresceu e ficou enorme, cuja copa encostava no céu, visível em toda a terra, ²¹ com belas folhas e muitos frutos, na qual havia alimento para todos, abrigo para os animais do campo, e morada para as aves do céu nos seus galhos – ²² essa árvore, ó rei, és tu! Tu te tornaste grande e poderoso, pois a tua grandeza cresceu até alcançar o céu, e o teu domínio se estende até os confins da terra.

²³ "E tu, ó rei, viste também uma sentinela, o anjo que descia do céu e dizia: 'Derrubem a árvore e destruam-na, mas deixem o toco e as suas raízes, presos com ferro e bronze; fique ele no chão, em meio à relva do campo. Ele será molhado com o orvalho do céu e viverá com os animais selvagens, até que se passem sete tempos'.

²⁴ "Esta é a interpretação, ó rei, e este é o decreto que o Altíssimo emitiu contra o rei, meu senhor: ²⁵ Tu serás expulso do meio dos homens

21 QUALIDADES DE LÍDERES DA BÍBLIA

e viverás com os animais selvagens; comerás capim como os bois e te molharás com o orvalho do céu. Passarão sete tempos até que admitas que o Altíssimo domina sobre os reinos dos homens e os dá a quem quer. [26] A ordem para deixar o toco da árvore com as raízes significa que o teu reino te será devolvido quando reconheceres que os Céus dominam. [27] Portanto, ó rei, aceita o meu conselho: Renuncia a teus pecados e à tua maldade, pratica a justiça e tem compaixão dos necessitados. Talvez, então, continues a viver em paz".

[28] Tudo isso aconteceu com o rei Nabucodonosor. [29] Doze meses depois, quando o rei estava andando no terraço do palácio real da Babilônia, [30] disse: "Acaso não é esta a grande Babilônia que eu construí como capital do meu reino com o meu enorme poder e para a glória da minha majestade?"

[31] As palavras ainda estavam nos seus lábios quando veio do céu uma voz que disse: "É isto que está decretado quanto a você, rei Nabucodonosor: Sua autoridade real lhe foi tirada. [32] Você será expulso do meio dos homens, viverá com os animais selvagens e comerá capim como os bois. Passarão sete tempos até que admita que o Altíssimo domina sobre os reinos dos homens e os dá a quem quer".

[33] A sentença sobre Nabucodonosor cumpriu-se imediatamente. Ele foi expulso do meio dos homens e passou a comer capim como os bois. Seu corpo molhou-se com o orvalho do céu, até que os seus cabelos e pelos cresceram como as penas da águia, e as suas unhas como as garras das aves.

[34] Ao fim daquele período, eu, Nabucodonosor, levantei os olhos ao céu, e percebi que o meu entendimento tinha voltado. Então louvei o Altíssimo; honrei e glorifiquei aquele que vive para sempre.

O seu domínio é um domínio eterno;
o seu reino dura de geração em geração.
[35] Todos os povos da terra
são como nada diante dele.
Ele age como lhe agrada
com os exércitos dos céus
e com os habitantes da terra.
Ninguém é capaz de resistir à sua mão
ou dizer-lhe: "O que fizeste?"

LIÇÃO 20 : DISPOSIÇÃO PARA APRENDER

36 Naquele momento voltou-me o entendimento, e eu recuperei a honra, a majestade e a glória do meu reino. Meus conselheiros e os nobres me procuraram, meu trono me foi restaurado, e minha grandeza veio a ser ainda maior. 37 Agora eu, Nabucodonosor, louvo, exalto e glorifico o Rei dos céus, porque tudo o que ele faz é certo, e todos os seus caminhos são justos. E ele tem poder para humilhar aqueles que vivem com arrogância.

Perguntas para estudo

1. O que você acredita que teria acontecido se Nabucodonosor tivesse demonstrado disposição para aprender, adotado o conselho de Daniel e se arrependido em vez de ignorar as palavras de Daniel por doze meses?

2. Como você descreveria a atitude e a personalidade de Nabucodonosor antes do cumprimento da profecia? Qual conceito ele tinha dele mesmo?

3. Como você o descreveria depois que sua sanidade foi restaurada?

4. Qual lição você acha que o rei aprendeu?

_____

_____

_____

_____

_____

2 Naamã toma uma decisão sábia

2Reis 5:1:15

¹ *Naamã, comandante do exército do rei da Síria, era muito respeitado e honrado pelo seu senhor, pois por meio dele o Senhor dera vitória à Síria. Mas esse grande guerreiro ficou leproso.*

² *Ora, tropas da Síria haviam atacado Israel e levado cativa uma menina, que passou a servir à mulher de Naamã.* ³ *Um dia ela disse à sua senhora: "Se o meu senhor procurasse o profeta que está em Samaria, ele o curaria da lepra".*

⁴ *Naamã foi contar ao seu senhor o que a menina israelita dissera.* ⁵ *O rei da Síria respondeu: "Vá. Eu lhe darei uma carta que você entregará ao rei de Israel". Então Naamã partiu, levando consigo trezentos e cinquenta quilos de prata, setenta e dois quilos de ouro e dez mudas de roupas finas.* ⁶ *A carta que levou ao rei de Israel dizia: "Junto com esta carta estou te enviando meu oficial Naamã, para que o cures da lepra".*

⁷ *Assim que o rei de Israel leu a carta, rasgou as vestes e disse: "Por acaso sou Deus, capaz de conceder vida ou morte? Por que este homem me envia alguém para que eu o cure da lepra? Vejam como ele procura um motivo para se desentender comigo!"*

⁸ *Quando Eliseu, o homem de Deus, soube que o rei de Israel havia rasgado suas vestes, mandou-lhe esta mensagem: "Por que rasgaste tuas vestes? Envia o homem a mim, e ele saberá que há profeta em Israel".* ⁹ *Então Naamã foi com seus cavalos e carros e parou à porta da casa de Eliseu.* ¹⁰ *Eliseu enviou um mensageiro para lhe dizer: "Vá e lave-se sete vezes no rio Jordão; sua pele será restaurada e você ficará purificado".*

¹¹ *Mas Naamã ficou indignado e saiu dizendo: "Eu estava certo de que ele sairia para receber-me, invocaria em pé o nome do Senhor, o seu Deus,*

LIÇÃO 20 : DISPOSIÇÃO PARA APRENDER

moveria a mão sobre o lugar afetado e me curaria da lepra. [12] *Não são os rios Abana e Farfar, em Damasco, melhores do que todas as águas de Israel? Será que não poderia lavar-me neles e ser purificado?" E foi embora dali furioso.*

[13] *Mas os seus servos lhe disseram: "Meu pai, se o profeta lhe tivesse pedido alguma coisa difícil, o senhor não faria? Quanto mais quando ele apenas lhe diz que se lave, e será purificado!"* [14] *Assim ele desceu ao Jordão, mergulhou sete vezes conforme a ordem do homem de Deus e foi purificado; sua pele tornou-se como a de uma criança.*

[15] *Então Naamã e toda a sua comitiva voltaram à casa do homem de Deus. Ao chegar diante do profeta, Naamã lhe disse: "Agora sei que não há Deus em nenhum outro lugar, senão em Israel."*

Perguntas para estudo

1. Naamã deu ouvido ao conselho da menina que servia à sua esposa. O que isso revela sobre Naamã?

   _____

   _____

   _____

   _____

   _____

   _____

2. Quando o rei da Síria enviou Naamã ao rei de Israel para ser curado, quais seriam, na sua opinião, os intentos do rei sírio?

   _____

   _____

   _____

   _____

   _____

   _____

21 QUALIDADES DE LÍDERES DA BÍBLIA

3. Por que Naamã ficou bravo quando o mensageiro repassou a ele as instruções de Eliseu? Como o tratamento dispensado por Eliseu a Naamã diferia do tratamento a que o general estava acostumado? Qual era a expectativa de Naamã? Por que Eliseu não veio ao encontro dele?

_____

_____

_____

_____

_____

4. O que você acha que Naamã aprendeu nesse processo? Você acha que ele foi transformado? Se sim, como?

_____

_____

_____

_____

3 A próxima lição

Marcos 10:17-27

[17] *Quando Jesus ia saindo, um homem correu em sua direção e se pôs de joelhos diante dele e lhe perguntou: "Bom mestre, que farei para herdar a vida eterna?"*

[18] *Respondeu-lhe Jesus: "Por que você me chama bom? Ninguém é bom, a não ser um, que é Deus.* [19] *Você conhece os mandamentos: 'Não matarás, não adulterarás, não furtarás, não darás falso testemunho, não enganarás ninguém, honra teu pai e tua mãe'.*

[20] *E ele declarou: "Mestre, a tudo isso tenho obedecido desde a minha adolescência".*

[21] *Jesus olhou para ele e o amou. "Falta-lhe uma coisa", disse ele. "Vá, venda tudo o que você possui e dê o dinheiro aos pobres, e você terá um tesouro no céu. Depois, venha e siga-me."*

LIÇÃO 20 : DISPOSIÇÃO PARA APRENDER

²² *Diante disso ele ficou abatido e afastou-se triste, porque tinha muitas riquezas.*

²³ *Jesus olhou ao redor e disse aos seus discípulos: "Como é difícil aos ricos entrar no Reino de Deus!"*

²⁴ *Os discípulos ficaram admirados com essas palavras. Mas Jesus repetiu: "Filhos, como é difícil entrar no Reino de Deus! ²⁵ É mais fácil passar um camelo pelo fundo de uma agulha do que um rico entrar no Reino de Deus".*

²⁶ *Os discípulos ficaram perplexos, e perguntavam uns aos outros: "Neste caso, quem pode ser salvo?"*

²⁷ *Jesus olhou para eles e respondeu: "Para o homem é impossível, mas para Deus não; todas as coisas são possíveis para Deus".*

Perguntas para estudo

1. Se você tivesse interrompido a leitura no ponto em que Jesus olhou para o homem "e o amou" (v. 21), o que você teria pensado sobre o homem que tinha feito a pergunta? Você o teria considerado com uma mente aberta e apto para ser ensinado?

_____

_____

_____

_____

2. E quando Jesus disse a ele para vender tudo que tinha, dar aos pobres e segui-lo, e o homem foi embora triste? Como a sua visão sobre aquele homem mudou? Por quê?

_____

_____

_____

_____

_____

3. Qual era o verdadeiro problema daquele homem, o qual era identificado como "importante" (Lucas 18:18)? Era riqueza? Era falta de disposição para aprender? Era falta de confiança? Algo mais? Explique.

_____

_____

_____

_____

4. Como a afirmação de Jesus de que todas as coisas são possíveis com Deus se relacionam à aptidão para ser ensinado?

_____

_____

_____

_____

REFLEXÃO E *INSIGHTS* DE LIDERANÇA

O que Nabucodonosor, Naamã, e o homem que conversou com Jesus têm em comum?

_____

_____

_____

_____

De que maneira aquilo que eles têm em comum se relaciona ao conceito de estar apto para aprender ou ser ensinado?

_____

_____

_____

_____

_____

LIÇÃO 20 : DISPOSIÇÃO PARA APRENDER

Quais são as características de um líder predisposto a aprender?

_____

_____

_____

_____

_____

Quais dessas características você possui? Quais lhe faltam? O que o impede de ser mais disposto para aprender, nos níveis pessoal e profissional, como líder?

_____

_____

_____

_____

Partindo para ação

Se você deseja continuar liderando, bem como progredindo na carreira, você precisa se tornar uma pessoa disposta a aprender. Reflita sobre as características que lhe faltam nesse campo. O que mais te atrapalha? Escreva aqui.

_____

_____

_____

_____

Que medida você pode tomar para mudar isso? O que pode fazer para remover barreiras e abrir sua mente ao aprendizado e ao crescimento? Não tenha receio de pedir que Deus te ajude nessa parte.

_____

_____

_____

_____

PERGUNTAS PARA DISCUSSÃO EM GRUPO

1. Quão difícil seria para você dizer ao líder mais poderoso do mundo que sua "árvore" estava prestes a ser derrubada e que ele teria de viver como um animal selvagem? Como você age quando tem que dizer verdades inconvenientes ou corrigir alguém em uma posição de autoridade?

2. Por que você acha que Nabucodonosor ignorou o conselho de Daniel por tanto tempo?

3. Os servos de Naamã disseram que ele estaria disposto a cumprir uma tarefa difícil se tivesse sido instruído a isso, mas ele estava hesitante em fazer algo simples. Como esse tipo de pensamento atrapalha o crescimento e o aprendizado?

4. Por que Eliseu curou Naamã se este homem era um combatente sírio e inimigo de Israel? E como este fato está relacionado à aptidão para aprender ou ser ensinado?

5. A passagem que você leu em Marcos 10:17-27 afirma que Jesus olhou para o homem que o fez uma pergunta e o amou. Por que você acha que Marcos acrescentou este detalhe? Como acha que Jesus se sentiu em relação ao homem após ele ter ido embora triste?

6. Qual foi seu maior aprendizado sobre a importância de aprender nesta lição? Como este aprendizado se relaciona com a capacidade de liderança?

7. Qual ação você sente que Deus está te orientando a tomar para se tornar mais apto a aprender e crescer na condição de liderar? O que você fará? A quem você pedirá para ajudá-lo a seguir firme com essa responsabilidade?

LIÇÃO 21

VISÃO

VOCÊ SÓ OBTÉM AQUILO QUE CONSEGUE ENXERGAR

A QUALIDADE DEFINIDA

Em se tratando de liderança, visão é intrinsecamente indispensável. Por quê? Porque a visão conduz líderes. A visão confere contornos ao alvo, acende a chama interior e impulsiona os líderes rumo ao objetivo. Além disso, a visão do líder acende as chamas daqueles que estão em torno do líder. Líderes sem visão conduzem suas equipes a verdadeiros becos sem saída. Na melhor das hipóteses, eles andam em círculos. Mas quando líderes têm uma visão privilegiada, eles sabem para aonde ir e inspiram os outros a segui-lo com entusiasmo. Uma visão não pode se tornar realidade sem antes ter sido vislumbrada por um líder.

Mas enxergar e lutar para transformar qualquer visão em realidade não é necessariamente correto. Afinal de contas, líderes responsáveis por campanhas maldosas provavelmente tiveram visão. Líderes que seguem a Deus buscam o tipo de visão que conferem honra a ele. Uma visão de Deus está alinhada com as Escrituras, edifica as pessoas e faz uma diferença positiva no mundo. Uma visão de Deus nunca leva líder ou colaboradores a pecar. Uma visão de Deus sempre representa um chamado para algo maior que as pessoas envolvidas e sempre transforma a vida delas para melhor.

Toda visão é de certo modo única para um líder, porque está atrelada aos seus talentos específicos e experiências. Ninguém pode impor uma visão a alguém nem a tomar emprestada. Na realidade, um líder visionário geralmente percebe a visão como um claro chamado de Deus. A visão está conectada ao profundo do seu ser e naquilo em que ele acredita. É responsabilidade do líder descobrir a visão, declará-la e conduzir seus companheiros para torná--la realidade.

Sobretudo, uma visão vinda de Deus é grande e de longo alcance – muito maior do que se pode conceber sozinho. A boa notícia é que uma visão concedida por Deus age como um imã – atrai, desafia e une as pessoas. Quanto maior a visão, maior o potencial para a atração de recursos e engajamento. E quanto mais desafiador, mais disposição os participantes demonstram para lutar até atingi-la.

É dessa maneira que uma visão capaz de provocar uma mudança no mundo ocorre. O líder vislumbra algo que pode fazer uma diferença significativa, mas parece impossível, resolve encarar o desafio e convoca as pessoas ao redor para se unir nessa busca; essas pessoas são motivadas e inspiradas a unir esforços com o líder; e juntos todos partem em busca da visão até conquistá-la. E a visão estremece o mundo.

ESTUDOS DE CASO

Leia esses estudos de caso da Bíblia e responda às perguntas a seguir.

1 A visão de Abrão

Gênesis 12:1-7

[1] *Então o Senhor disse a Abrão: "Saia da sua terra, do meio dos seus parentes e da casa de seu pai, e vá para a terra que eu lhe mostrarei.*

[2] *"Farei de você um grande povo,*
*   e o abençoarei.*
Tornarei famoso o seu nome,
*   e você será uma bênção.*
[3] *Abençoarei os que o abençoarem*
*   e amaldiçoarei os que o amaldiçoarem;*
*   e por meio de você*
*   todos os povos da terra*
*   serão abençoados".*

LIÇÃO 21: VISÃO

⁴ Partiu Abrão, como lhe ordenara o Senhor, e Ló foi com ele. Abrão tinha setenta e cinco anos quando saiu de Harã. ⁵ Levou sua mulher Sarai, seu sobrinho Ló, todos os bens que haviam acumulado e os seus servos, comprados em Harã; partiram para a terra de Canaã e lá chegaram. ⁶ Abrão atravessou a terra até o lugar do carvalho de Moré, em Siquém. Naquela época os cananeus habitavam essa terra.

⁷ O Senhor apareceu a Abrão e disse: "À sua descendência darei esta terra". Abrão construiu ali um altar dedicado ao Senhor, que lhe havia aparecido.

Gênesis 15:1-21

¹ Depois dessas coisas o Senhor falou a Abrão numa visão:
"Não tenha medo, Abrão!
 Eu sou o seu escudo;
 grande será a sua recompensa!"
² Mas Abrão perguntou: "Ó Soberano Senhor, que me darás, se continuo sem filhos e o herdeiro do que possuo é Eliézer de Damasco?" ³ E acrescentou: "Tu não me deste filho algum! Um servo da minha casa será o meu herdeiro!"
⁴ Então o Senhor deu-lhe a seguinte resposta: "Seu herdeiro não será esse. Um filho gerado por você mesmo será o seu herdeiro". ⁵ Levando-o para fora da tenda, disse-lhe: "Olhe para o céu e conte as estrelas, se é que pode contá-las". E prosseguiu: "Assim será a sua descendência".
⁶ Abrão creu no Senhor, e isso lhe foi creditado como justiça.
⁷ Disse-lhe ainda: "Eu sou o Senhor, que o tirei de Ur dos caldeus para dar-lhe esta terra como herança".
⁸ Perguntou-lhe Abrão: "Ó Soberano Senhor, como posso saber que tomarei posse dela?"
⁹ Respondeu-lhe o Senhor: "Traga-me uma novilha, uma cabra e um carneiro, todos com três anos de vida, e também uma rolinha e um pombinho".
¹⁰ Abrão trouxe todos esses animais, cortou-os ao meio e colocou cada metade em frente à outra; as aves, porém, ele não cortou. ¹¹ Nisso, aves de rapina começaram a descer sobre os cadáveres, mas Abrão as enxotava.
¹² Ao pôr-do-sol, Abrão foi tomado de sono profundo, e eis que vieram sobre ele trevas densas e apavorantes. ¹³ Então o Senhor lhe disse: "Saiba

21 QUALIDADES DE LÍDERES DA BÍBLIA

que os seus descendentes serão estrangeiros numa terra que não lhes pertencerá, onde também serão escravizados e oprimidos por quatrocentos anos. ¹⁴ Mas eu castigarei a nação a quem servirão como escravos e, depois de tudo, sairão com muitos bens. ¹⁵ Você, porém, irá em paz a seus antepassados e será sepultado em boa velhice. ¹⁶ Na quarta geração, os seus descendentes voltarão para cá, porque a maldade dos amorreus ainda não atingiu a medida completa".

¹⁷ Depois que o sol se pôs e veio a escuridão, eis que um fogareiro esfumaçante, com uma tocha acesa, passou por entre os pedaços dos animais. ¹⁸ Naquele dia o Senhor fez a seguinte aliança com Abrão: "Aos seus descendentes dei esta terra, desde o ribeiro do Egito até o grande rio, o Eufrates: ¹⁹ a terra dos queneus, dos quenezeus, dos cadmoneus, ²⁰ dos hititas, dos ferezeus, dos refains, ²¹ dos amorreus, dos cananeus, dos girgaseus e dos jebuseus".

Perguntas para estudo

1. Qual foi a reação de Abrão, a quem Deus mais tarde chamou Abraão (veja Gênesis 17:5), à visão que ele recebeu? O que a reação revela sobre ele?

_____

_____

_____

_____

_____

2. Por que Deus apareceu a Abrão novamente quando ele chegou a Canaã e repetiu sua promessa? E por que ele apareceu uma outra vez depois desta? O que isso revela sobre Deus?

_____

_____

_____

_____

_____

LIÇÃO 21: VISÃO

3. De que maneira a história de Abrão tipifica os desafios que os líderes encaram quando têm uma visão e começam a agir para torná-la realidade? Como a história de Abrão é atípica?

_____

_____

_____

_____

_____

2 A visão dada a Moisés dura milênios

Êxodo 12:1-29

¹ *O Senhor disse a Moisés e a Arão, no Egito:* ² *"Este deverá ser o primeiro mês do ano para vocês.* ³ *Digam a toda a comunidade de Israel que no décimo dia deste mês todo homem deverá separar um cordeiro ou um cabrito, para a sua família, um para cada casa.* ⁴ *Se uma família for pequena demais para um animal inteiro, deve dividi-lo com seu vizinho mais próximo, conforme o número de pessoas e conforme o que cada um puder comer.* ⁵ *O animal escolhido será macho de um ano, sem defeito, e pode ser cordeiro ou cabrito.* ⁶ *Guardem-no até o décimo quarto dia do mês, quando toda a comunidade de Israel irá sacrificá-lo, ao pôr-do-sol.* ⁷ *Passem, então, um pouco do sangue nas laterais e nas vigas superiores das portas das casas nas quais vocês comerão o animal.* ⁸ *Naquela mesma noite comerão a carne assada no fogo, com ervas amargas e pão sem fermento.* ⁹ *Não comam a carne crua, nem cozida em água, mas assada no fogo: cabeça, pernas e vísceras.* ¹⁰ *Não deixem sobrar nada até pela manhã; caso isso aconteça, queimem o que restar.* ¹¹ *Ao comerem, estejam prontos para sair: cinto no lugar, sandálias nos pés e cajado na mão. Comam apressadamente. Esta é a Páscoa do Senhor.*

¹² *"Naquela mesma noite passarei pelo Egito e matarei todos os primogênitos, tanto dos homens como dos animais, e executarei juízo sobre todos os deuses do Egito. Eu sou o Senhor!* ¹³ *O sangue será um sinal para indicar as casas em que vocês estiverem; quando eu vir o sangue, passarei adiante. A praga de destruição não os atingirá quando eu ferir o Egito.*

21 QUALIDADES DE LÍDERES DA BÍBLIA

¹⁴ *"Este dia será um memorial que vocês e todos os seus descendentes celebrarão como festa ao Senhor. Celebrem-no como decreto perpétuo.* ¹⁵ *Durante sete dias comam pão sem fermento. No primeiro dia tirem de casa o fermento, porque quem comer qualquer coisa fermentada, do primeiro ao sétimo dia, será eliminado de Israel.* ¹⁶ *Convoquem uma reunião santa no primeiro dia e outra no sétimo. Não façam nenhum trabalho nesses dias, exceto o da preparação da comida para todos. É só o que poderão fazer.*

¹⁷ *"Celebrem a festa dos pães sem fermento, porque foi nesse mesmo dia que eu tirei os exércitos de vocês do Egito. Celebrem esse dia como decreto perpétuo por todas as suas gerações.* ¹⁸ *No primeiro mês comam pão sem fermento, desde o entardecer do décimo quarto dia até o entardecer do vigésimo primeiro.* ¹⁹ *Durante sete dias vocês não deverão ter fermento em casa. Quem comer qualquer coisa fermentada será eliminado da comunidade de Israel, seja estrangeiro, seja natural da terra.* ²⁰ *Não comam nada fermentado. Onde quer que morarem, comam apenas pão sem fermento".*

²¹ *Então Moisés convocou todas as autoridades de Israel e lhes disse: "Escolham um cordeiro ou um cabrito para cada família. Sacrifiquem-no para celebrar a Páscoa!* ²² *Molhem um feixe de hissopo no sangue que estiver na bacia e passem o sangue na viga superior e nas laterais das portas. Nenhum de vocês poderá sair de casa até o amanhecer.* ²³ *Quando o Senhor passar pela terra para matar os egípcios, verá o sangue na viga superior e nas laterais da porta e passará sobre aquela porta, e não permitirá que o destruidor entre na casa de vocês para ata-los.*

²⁴ *"Obedeçam a estas instruções como decreto perpétuo para vocês e para os seus descendentes.* ²⁵ *Quando entrarem na terra que o Senhor prometeu lhes dar, celebrem essa cerimônia.* ²⁶ *Quando os seus filhos lhes perguntarem: 'O que significa esta cerimônia?',* ²⁷ *respondam-lhes: É o sacrifício da Páscoa ao Senhor, que passou sobre as casas dos israelitas no Egito e poupou nossas casas quando matou os egípcios". Então o povo curvou-se em adoração.* ²⁸ *Depois os israelitas se retiraram e fizeram conforme o Senhor tinha ordenado a Moisés e a Arão.*

²⁹ *Então, à meia-noite, o Senhor matou todos os primogênitos do Egito, desde o filho mais velho do faraó, herdeiro do trono, até o filho mais velho do prisioneiro que estava no calabouço e todas as primeiras crias do gado.*

LIÇÃO 21: VISÃO

Perguntas para estudo

1. A mensagem que Deus enviou a Moisés e Arão era para ação imediata e para o futuro. Por que Deus fez dessa forma?

2. As instruções dadas por Deus a eles eram bem específicas. Por que você acha que eram tão detalhadas?

3. Quão difícil você acha que foi para Moisés e Arão fazer com que os filhos de Israel ouvissem as instruções e as seguissem à risca?

21 QUALIDADES DE LÍDERES DA BÍBLIA

4. Como você se sente quando precisa se comunicar com pessoas que você receia não querer aceitar uma visão de longo alcance ou seguir instruções detalhadas? O que você faz para ampliar suas chances de sucesso?

_____

_____

_____

_____

_____

_____

3 Uma visão para a eternidade

Mateus 28:16-20

[16] *Os onze discípulos foram para a Galileia, para o monte que Jesus lhes indicara.* [17] *Quando o viram, o adoraram; mas alguns duvidaram.* [18] *Então, Jesus aproximou-se deles e disse: "Foi-me dada toda a autoridade nos céus e na terra.* [19] *Portanto, vão e façam discípulos de todas as nações, batizando-os em nome do Pai e do Filho e do Espírito Santo,* [20] *ensinando-os a obedecer a tudo o que eu lhes ordenei. E eu estarei sempre com vocês, até o fim dos tempos".*

Perguntas para estudo

1. Por que Jesus iniciou suas instruções aos discípulos com a afirmação de que toda autoridade nos céus e na terra tinha sido dada a ele? Como essa informação influenciou na execução da visão pelos discípulos?

_____

_____

_____

_____

_____

_____

LIÇÃO 21: VISÃO

2. Por que Jesus também mencionou que ele estaria com eles? Qual a relevância desse fato?

3. Como o direcionamento dado a Jesus aos onze discípulos nos influencia hoje? A quem esse direcionamento ainda se aplica?

4. Por que Jesus esperou até após sua ressurreição para transmitir essa mensagem? Por que não o fez antes?

REFLEXÃO E *INSIGHTS* DE LIDERANÇA

De quantas maneiras diferentes líderes receberam visões de Deus nas passagens que você leu? De quantas formas diferentes eles transmitiram a visão ao povo? Por que essa tarefa não foi feita sempre da mesma forma?

21 QUALIDADES DE LÍDERES DA BÍBLIA

De que forma você acha que Deus transmite visão aos líderes atualmente?

Qual visão você possui para seu ministério, família e carreira? Se não tiver certeza, dedique tempo à oração antes de tentar responder essa pergunta.

Veja o que você escreveu sobre a visão para sua vida. Como os diferentes aspectos do que você escreveu trabalham em conjunto? Existe um tema em comum? Se sim, qual é?

A visão que você escreveu para sua vida requer uma grande transição, ou você já está na trilha da jornada que acredita ser aquela desejada por Deus? Se acha que terá que fazer alguma grande transição, descreva-a.

LIÇÃO 21: VISÃO

PARTINDO PARA AÇÃO

Que medida você pode tomar imediatamente para avançar na visão que
Deus te deu em relação ao ministério, família ou carreira?

_____
_____
_____
_____
_____
_____
_____
_____

Existe algo te segurando? O quê? Como superar esse obstáculo?

_____
_____
_____
_____
_____
_____
_____

Quando vai dar esse passo? _____

Perguntas para discussão em grupo

1. Quando você lê sobre pessoas como Abrão e Moisés, as quais receberam direções claras e específicas de Deus, o que você sente: inveja, frustração, inspiração ou preocupação? Explique.

2. Abrão e sua mulher Sarai ficaram impacientes quando Deus não lhes deu um filho e tentaram forçar a barra para o cumprimento da visão ao viabilizar uma gravidez por meio da serva de Sarai (veja Gênesis 16). Como você se comporta quando tem uma visão, mas precisa esperar para que se torne realidade?

3. Em qual área da sua vida você tem na mente o quadro mais claro do que deve alcançar? Descreva como você chegou a ter essa certeza.

4. Qual sua visão para essa área? Onde você se encontra no processo de realização dessa visão?

5. Até que ponto sua visão requer capacidade de liderança? Explique.

6. No estágio atual da sua vida, o que você diria ser mais importante: a necessidade de uma visão clara, ou a necessidade de capacidade de liderança para conquistá-la? Explique.

7. Qual ação você acredita que Deus o está levando a tomar para receber uma visão ou conseguir executá-la?

Perguntas finais para discussão em grupo

Recomendo que você se reúna com seu grupo mais uma vez depois que terminar a lição sobre visão. Antes do encontro, peça a todos para dedicar tempo à reflexão sobre o desenvolvimento experimentado por cada um em termos de liderança desde que iniciaram o estudo. Então, quando se encontrarem, respondam às perguntas finais:

1. Como você descreveria sua jornada de desenvolvimento de liderança desde que iniciou esse processo?

2. Você assumiu alguma função mais importante como líder ou tem se comportado de forma mais proativa como líder desde que estudou as *21 qualidades de líderes da Bíblia*? Se sim, como? Se não, por que não?

3. Quão útil para você foi estudar qualidades de liderança? Quão difícil tem sido cultivar essas qualidades para se tornar um líder melhor e mais completo?

4. Quais das qualidades descritas você exerce com mais naturalidade? Por que você acha que tais qualidades são mais fáceis para você? Como você pode melhorá-las ainda mais?

5. Quais qualidades você acha mais difícil incorporar? Por quê? O que é possível fazer para aprimorar essas qualidades?

6. Qual o seu maior aprendizado em todo esse processo?

7. O que você aprendeu com os outros integrantes do grupo?

8. Até que ponto você está comprometido com um desenvolvimento ainda maior no campo da liderança? Até que ponto esse desenvolvimento é uma prioridade para você, em uma escala de 1 (baixo) a 10 (alto)?

9. Em que área você quer melhorar ainda mais em se tratando de liderança daqui para frente?

SOBRE O AUTOR

John C. Maxwell é autor *best-seller* pelo *New York Times*, além de coach e palestrante com mais de 30 milhões de livros vendidos em cinquenta idiomas. Ele é considerado líder de primeira categoria nos negócios pela American Management Association, e também o mais influente especialista em liderança no mundo de acordo com a revista *Business Insider*. Ele é o fundador da John Maxwell Company, da John Maxwell Team, EQUIP, além da fundação dedicada à liderança que leva seu nome. Juntas, essas organizações já treinaram milhões de líderes de todos os países do mundo. Ganhador do prêmio Madre Teresa para a Paz Global e Liderança, concedido pela rede de liderança Luminary Leadership Network, dr. Maxwell é consultado anualmente pela publicação *Fortune 500*, por presidentes de países, e por muitos dos maiores líderes mundiais nos negócios. Ele pode ser seguido no Twitter.com/JohnC-Maxwell. Para mais informações sobre o autor, visite JohnMaxwell.com.

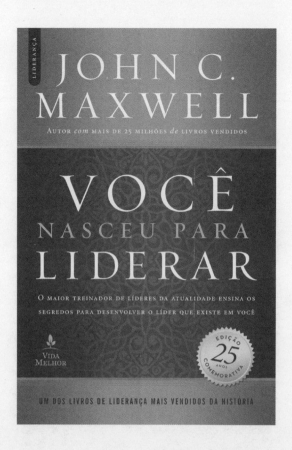

Publicado há quase 30 anos, *Você nasceu para liderar* transformou para sempre a forma como pensamos em liderança. Esse livro impulsionou Maxwell em sua missão de formar novos talentos por meio de seus livros e revolucionou a maneira de forjar líderes. Essa edição revisada e atualizada traz dois capítulos inéditos e dá uma nova roupagem aos princípios fundamentais para a liderança transformadora que fez de Maxwell uma referência mundial no assunto, apresentando para a nova geração a receita de sucesso que impactou a geração anterior. Independentemente de qual seja sua área de atuação, os ensinamentos de Maxwell ajudarão você a se tornar o líder que sempre desejou ser.

Em 1998, leitores de todo o mundo empresarial foram surpreendidos com a mais impressionante visão de liderança produzida até então, apresentada pelo palestrante e escritor John C. Maxwell em seu livro *As 21 irrefutáveis leis da liderança*. Depois de marcar presença nas principais listas de livros mais vendidos do mundo durante anos, Maxwell decidiu revisar essa obra radicalmente, reescrevendo até algumas de suas leis. O resultado está aqui, nas páginas deste verdadeiro clássico da liderança.

"Os leitores de *As 21 irrefutáveis leis da liderança* devem esperar uma discussão bem elaborada que enfatize as atitudes e visões fundamentais da liderança." *Amazon.com*

"As 21 irrefutáveis leis da liderança é uma obra útil e fácil de ler, bastante clara e profunda. Ela é repleta de esperança, orientação, encorajamento e sugestões de ações específicas."

Zig Ziglar, autor de *Além do topo*

"Maxwell é o mega-guru da liderança." *Publishers Weekly*

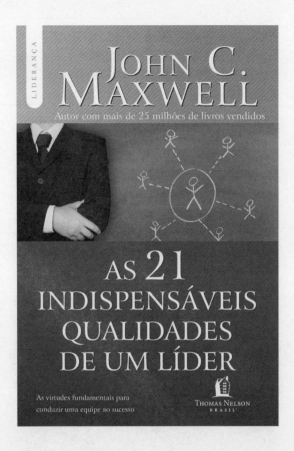

Você é um bom líder? Sua equipe se sente motivada com sua liderança? Você está pronto a exercer a liderança? Essas questões fazem parte do dia a dia dos líderes. Entender a liderança e praticá-la são coisas muito diferentes. Conhecer a teoria não é garantia de sucesso. O sucesso está no caráter dos grandes líderes. Em As 21 indispensáveis qualidades de um líder, John C. Maxwell mostra como alcançar uma liderança de excelência e como motivar os liderados. Cada capítulo apresenta uma qualidade indispensável com objetivo de levar você a superar o seu potencial.

Este livro foi impresso em 2025,
pela Assahi, para a Thomas Nelson Brasil.
A fonte usada no miolo é Goudy Oldstyle Std, corpo 11/14,5.
O papel do miolo é Pólen Natural 70g/m², e o da capa é cartão 250g/m².